리듬 타는 피노키오

시작시인선 0532 리듬 타는 피노키오

1판 1쇄 펴낸날 2025년 05월 20일
지은이 모금주
펴낸이 이재무
기획위원 김춘식, 유성호, 이형권, 임지연, 차성환, 홍용희
책임편집 이호석, 박현승
편집디자인 김지웅, 장수경
펴낸곳 (주)천년의시작
등록번호 제301-2012-033호
등록일자 2006년 1월 10일
주소 (03132) 서울시 종로구 삼일대로32길 36 운현신화타워 502호
전화 02-723-8668
팩스 02-723-8630
블로그 blog.naver.com/poemsijak
이메일 poemsijak@hanmail.net

ⓒ 모금주, 2025, printed in Seoul, Korea

ISBN 978-89-6021-808-6 04810
     978-89-6021-069-1 04810(세트)

값 11,000원

*이 책 내용의 전부 또는 일부를 재사용하려면 반드시 저작권자와 (주)천년의시작 양측의 동의를 받아야 합니다.
*잘못된 책은 바꾸어 드립니다.
*지은이와 협의하에 인지는 생략합니다.

리듬 타는 피노키오

모금주

천년의시작

시인의 말

진정한 결속
아름다운 가치를 회복하는 시간의 빛으로
깨진 것들과의 공유를 출토하고 있다

차 례

시인의 말

제1부 줄리엣의 푸른 장미

간단한 편지 ——— 13
순간의 젤리 ——— 14
낯선 길 ——— 17
줄리엣의 푸른 장미 ——— 19
하나의 이름이 내포하는 무수한 후유증 ——— 22
눈빛 엔딩 ——— 24
Black Satin ——— 26
침묵의 포토폴리오 ——— 28
점 밖은 겨울 ——— 31
기분이 다운될 땐 푸른 반짝이 옷을 입은 쉘위 댄스를 틀고 ——— 33
악역이 떠야 드라마가 뜬다 ——— 35
원 안의 중심, 밖의 도마뱀 ——— 37
길어진 음 ——— 39
태연이란 가면 ——— 41
낙관적인 메세지 ——— 43

제2부 지금은 카프레제의 계절

낙엽 ──── 47
파쇄되어야 할 단어 ──── 48
헛간 ──── 50
선물 포장법 ──── 52
허세 ──── 54
고(GO)생(生) ──── 55
지금은 카프레제의 계절 ──── 58
Gradation ──── 60
클로즈업 ──── 64
리듬 타는 피노키오 ──── 67
파란 띠 하나 ──── 70
자책 ──── 73
아직은 연분홍 ──── 75
트리트먼트 ──── 78

제3부 Nothing

베데스다 연못 ──── 83
검은 베일 쓴 화살 ──── 85
마법을 쓸 때 사자머리가 된다 ──── 87
Nothing ──── 90
음악으로 건네는 이야기 ──── 92
느닷없이 여름이 오는 것처럼 ──── 94
기준 ──── 96
그리움이 한 뼘 더 자랐다 ──── 98
습관의 탄생 ──── 100
Crescendo ──── 102
커다란 선그라스 ──── 105
페퍼민트 ──── 107
지나가는 계절 같은 것 ──── 110
못 본 체하기 ──── 112

제4부 이곳의 주인은 창문

비상식량 ──── 117
이미지의 배반 ──── 119
잊혀진 것들이 ──── 122
NO NO NO ──── 125
서른 살, 서른 개의 순간 ──── 128
화려한 커튼 ──── 131
그러나 ──── 134
메이즈 러너(maze runner) ──── 136
찰나 ──── 139
헬로, 원드랜드 ──── 141
노른자위 테라코타 ──── 144
이곳의 주인은 창문 ──── 147
먼지 없애기 ──── 149
불티야 ──── 151
우편배달원 생텍쥐페리 ──── 153

해 설

김재홍 "오, 거짓말쟁이 피노키오" ──── 156

제1부 줄리엣의 푸른 장미

간단한 편지

이 봄
오만을 깨닫고 모처럼 온몸으로 열심히 앓았소
그동안 안녕하셨는가
모든 봄의 스토리를 전개하고 자제하는 일로 피곤했소
가을을 지나 그 깊은 겨울 동안 이야기들은 자라나
답을 구하고 질문을 하고
다시 갈색으로 돌아가고
씨앗의 근원이 그 갈대에서 자란다는 사실을 무시하고
난 봄을 기다렸다오

순간의 젤리

방황하는 조니 뎁의 트랜센던스를 보며 가위손의 그를 생각했다
녹색 심장 미완성 인조인간
붉은 심장의 웅성거림으로 조니 뎁의 영화를 본다

태양도 정복하고 말 것 같은
열정의 위대한 존재들
세상에 피상적인 낯선 축을 끊임없이 세워 간다

세상에 농담을 던지듯 창조자들의 이목에 전복을 노리듯 조니 뎁의 가위손 얼음 조각으로 세상을 향해 하얀 눈을 뿌리고 그 하얀 눈 속에서 난 젤리를 먹고 있다 씹고 뜯는 단순한 그 순간은 위대한 존재들을 독서하지 않는다 이미 서로 낯선 축의 우리 서로 소홀해서 더 이상 궁금해하지도 않아

수식어가 붙지 않는 단순한 여백을 즐기듯 젤리를 먹고 있다 열정의 아버지 그 그늘 밑 염소처럼 모두의 안부가 궁금하지 않는 집중력으로 풀을 뜯고 있는 편식 동물처럼

세상이 아직은 미완성인 시간 조니 뎁의 찰리와 초콜릿

공장의 마시멜로 체리 크림 젤리를 먹으며 황금 티켓을 가진 아이들의 풍선 같은 마음을 느긋하게 건지며 그 맛을 다 알려고 수학 공식을 풀 듯 열심을 품지 말자고 무채색 순간의 젤리만 즐기자고

*

　문득 한 입 깨물고 맛의 기준이 깊어진 친구의 눈을 보듯 물린 자국을 살핀다 깊은 내륙 사하라 사막 황량한 여백의 감동이 하얀색으로 변질되고 붉은 피가 이빨에 물들어 허기진 이성으론 삶의 어려운 이야기는 한 문장도 없는 젤리만 먹는 순간을 연출시키지 못한다

　깨어질 듯 차가워지지 않는 심각한 이성의 순간 태양을 노리는 정복의 음모를 하는 위대한 존재들에게 학습된 한 선을 붙든 내가 나를 낯설게 쳐다보고 있었다 붙잡혀 늘어진 손에 젤리를 쥐고 그들을 쳐다보며 웃는 언제든 나도 그들이 될 수 있는 영악함을 가위 손에게 들키고 말았다 인조인간 미완성 가위손으로 멍한 하늘을 가위질한다 눈이 내리고 난 비열하게 젤리만 뜯고 녹슨 호흡 삼키며 글썽이는 조

니 뎁의 눈빛을 외면하고

낯선 길

세상은 기근이야

*

적막함도는 기근의 구멍들 아직도 온기가 남아 있을 것 같아 연락을 해 보지만 행복했던 기억의 파편들 젖은 상자에 밀봉되어 있다 정리하지 못해 껴안고 있었던 슬픈 속살과 지워진 주소로 반송된 것들로 광야의 치맛자락은 거북이등처럼 갈라져 붉은 프레임 속에 양육하지 않는 낯선 풍경으로 내려앉는다

*

낯선 길 차가운 얼굴에 내일은 무엇으로 따뜻한 색깔을 입혀야 하나

서로의 뺨과 뺨을 맞대는
진심이라는 것이 연극적이어서
젊은 과부 룻 명랑으로 과장해도 슬픔의 등 휘어져
삶의 불안들이 벼 낟알처럼 곤두서

기회를 탐색하는 가혹한 순간들의 물살이 아래를 보면 낭떠러지야

상처의 눈은 깊이 보지 마 상처의 옷자락은 칼 같아 마음이 베이지

*

누군가를 잃거나 떠나보낸 메마른 광야의 눈은 재빨리 지나쳐야 해 회오리치는 모래바람 같이 서걱이는 것들 잊어버려야 할 것들 도마뱀처럼 일렬로 따라오면 모른 체 꽁무니를 잘라버려야 해

익숙한 것들 잘라 내는 고통의 낯선 길 나오미와 룻의 과부의 길 걸어간다

뙤약볕 기근 속으로 지워진 봄날을 뒤돌아보며

줄리엣의 푸른 장미

눅눅한 문을 열어 젖히는 5월은
갓 구운 바게트 냄새 나는 햇살과
카푸치노보다 그윽한 공기를
사랑하는 친구를 위해 내어줬다

*

펼쳐진 페이지에 푸른 장미*의 심장을 포개고
진부한 오해로 마음 깊이 앉기 전
붉은 눈물 산란하며 죽어야 했던 사랑의 종말 바람꽃처럼 날려가야 하는데

많은 계절을 건너온 모든 사람의 사랑은 붉었는데
불안을 파종하는 파란 장미** 덩굴에 휘감겨 우린 자주 창백해졌다

*

나는 너를 견디고 너는 나를 견디고

사랑이란 외로운 말에 가둔 채
아름다운 삶이 있어야 죽음이 두렵지 않은 것이라는
정형화된 독후감을 무수한 밤에 옮겨 적었다
오늘도 이 계절의 많은 감정들을 어떻게 이겨 낼까
쉽게 긁히고 피 흘리는 마음이
머리 땋은 여러 갈래의 반전을 거듭했던 우리

너를 닮고 나를 닮은 예쁜 알들 까며 남들처럼 살 걸
모든 것을 포기함은 슬픔이라고 말려 달라 할 걸

*

부드럽게 밀착된 푸딩 같은 사랑으로
내 손에 네 손을 비밀편지처럼 포개고
네가 있었기에 죽음도 괜찮았다고
아침마다 새처럼 환하게 네 눈에 심어 주려 했다

소설의 엔딩에 누운 푸른 장미
죽음에 대하여 공손하게 질문하지 말자
사랑의 결말을 간곡하게 부탁하지 말자

*

사랑의 굳은 믿음을 펼쳐 보는 그대들이여
푸른 장미는 말랐고
우리의 무덤은 모든 걸 포기하고 늙어가고 있소
낙담이 벌레처럼 기어오르는 죽음은 아름답지 않소
죽은 삶이 환해지도록 책을 덮어 주시오
예전에 우린 충분히 뜨거웠소
그것이면 충분하오, 우린

* 파란 장미: (꽃말)이루어질 수 없는 사랑
** 푸른 장미: (꽃말) 포기하지 않는 사랑

하나의 이름이 내포하는 무수한 후유증

생각에 동의하지 않는 것들을 오늘은 송충이라 부른다 앙리할아버지와 콘스탄스*의 불협화로는 동거할 수 없는, 서로에게 송충이가 된다

네가 쉴 곳이 아니라고 막대기로 동거의 뺨을 치는 송충이들을 박멸하기 위해 약국에 간다고 조용히 말했는데 너는 거칠게 말한다고 송충이같이 나에게 독을 쏘고 난 골목길 귀퉁이에 서서 또 한 마리 송충이에게 독 같은 욕을 하고 독을 먹은 골목 느티나무 눈이 퍼렇다

거스르는 것들을 송충이라고, 하나의 이름이 내포하는 무수한 후유증이 번져 간다

차겁게 쏘기만 하던 송충이의 하루가 시퍼렇게 밤을 소멸시킨다 서로의 감정을 공유받지 못해 깊은 밤을 보내는 사람들 다가오는 새벽을 송충이처럼 기어오르고 위로 뻗치는 밤을 보내는 느티나무 밑 영리한 고양이 예의 바르게 어두운 밤의 주머니에 가지런히 새벽을 모은다 하얀 뼛가루가

되도록 펄떡거리는 민들레의 극성이 송충이같이 징그러운 밤 서로의 날카로운 모서리가 되고 송충이 퍼렇게 굵어지는 밤 앙리 할아버지와 콘스탄스 고깔모자 쓴 생일처럼 즐거운 웃음 짓는 밤 환절기의 건조함으로 쏘기만 하던 나

  오기가 식어버린 삶은 싱겁다 네 탓이라고 비겁의 앙칼짐으로 쏘는 나를 송충이 쏘아본다 누구를 쏠 수 있음은 오기가 꿈틀거리고 있다는 것 툭툭 건드리는 겉가지 튀어나와 마음을 찌르고 쏘다 맞은편 송충이에게 나도 쏘이고 마는 삶의 퍼포먼스 내일의 내일도 각을 세우고 민들레처럼 펄떡거리는것들 송충이처럼 쏘며 삶을 견뎌 볼 일이다

  깐깐한 앙리 할아버지와 콘스탄스의 갑작스러운 웃음에 당황해 현기증 일으키는 시간 위로 달팽이 한 마리 느리게 기어간다 시간에 민감한 사람들 신호등을 건너며 침을 뱉고 달팽이 송충이 눈을 하지만 우연을 가장한 수많은 필연의 인연들 곳곳에 동거하는 세상의 페이지를 찢어버릴 순 없어

* 연극 앙리할아버지와 나

눈빛 엔딩

붉은 사과 한 알의 해가 파도를 붙들고 있다
지중해 정물화 속 한 사람도 창을 붙들고 있다
나도 풍경에 취해 휴식의 무늬를 붙들고 있다

낯선 곳의 여행이 새로운 게임을 하는 것 같아서
감정을 대변하는 은유의 공간에 설렘의 무늬 차올라

냄새 좋은 카페 창밖엔 마치 투명한 유리잔 속에서 걸어 나온 듯 여름은 참 푸르렀고 지중해 태양이 희망의 햇살로 올리브나무를 키우고 나의 살아온 여정을 모르는 타인들의 외로움에 싸여 온전히 나를 만나 어수선한 웃음 거두고 정갈해졌다 밤이 사과나무 뒤로 내려앉기 전 마음을 수평으로 끌어올려 푸른 핀을 꽂은 올여름 사랑은 쿨하면 좋겠다고 잠시 생각한다

세월의 뒤꿈치 움켜쥔 파도 위태하게 타는 눈빛 가지런한 물새들 걱정에
오늘이 좀 더 늙었지만
삶의 노폐물 제거된 가지런한 미소
푸른 한 줄기 빛 스며든 설레는 애인 같은 하루를 건졌다

파도들 은빛 새들 파닥이는 그 시간엔 막다른 골목은 없었고 아름다운 여름의 왈츠로 길을 내는 무늬는 붉은 사과였고 푸른 배였고 여름에 살찌워져 뽀얀 분칠한 휴식이었어 앙큼한 컬러 핑크 오렌지 라벤드에 유혹당하고 싶은 여행 유혹의 색채는 수평선에서 왔다 뱀처럼 매끈하고 붉은빛의 혈관으로 파도에 나비처럼 내려앉는 노을 하얀 테라스에 깊숙이 앉은 헐렁한 휴식은 지중해를 닮은 푸른색이었고

　삶의 비밀스런 무게들이 내려앉아도 밝은 노란색으로 덧칠하며 붉은 사과를 나눠 먹을 수 있을 것 같아 한없이 너그럽게 하는 푸른 물결의 맑은 얼굴이 눈빛 엔딩을 보내는 그 순간의 시간이 종이배처럼 찰랑이고 푸른 머리카락 흩날리는, 한순간도 춤 아닌 적 없던 바람이었다고 기억의 목록에 넣는다

Black Satin

찰랑거리는 마음 빨갛게 타오르다
무언가 담지 않아도 아름다운 유리잔이 되었다가
성숙하다고 풋내 우김을 하다가
흘러가 버릴 것 같은 작은 온기들을 붙잡으려다

Black Satin 드레스를 입고 오늘을 거래하려 한다
우울한 검은 나비의 날개 같다고 오해하다가
머리 틀어 올린 목의 오만함을 방관하다가

강아지 목을 긁듯 Black Satin을 긁어 본다
깊고 묵직한 감촉은 내 어깨가 지고 온 세월의 꽃이었더라

*

번들거리지 않고 매끈한 Black Satin 부드러운 펠트 위에서 버스킹 하는 나비의 야릇한 파랑에 마음을 빼앗겼다 꼭 쥐고 살아야 할 진지함을 자꾸 잃어버리는 느낌이 들어 울컥 화가 나다가 깊은 무게로 간직하고 싶은 것들 불티처럼 날아오르다가 깊음으로 침묵케 하는

그대여
거들먹거리는 관능의 속살
Black Satin 치맛자락에 감춰진 마음 깊이는 보시지 마시길
장신구처럼 매달린 도적 같은 불발하는 마음도

어둠에 내려앉은 Black Satin 무광의 밤을 입고
진주목걸이 깨알 같은 웃음을 지으며
혼자 쓸쓸한 여행을 하며
책을 읽기도 하고
문득 바람에 흔들리는 스카프 내 삶 같아 꼭 붙들어 매고
사랑에 빠진 연인들의 뒷모습을 쥐어보기도 하고
두꺼운 아이라인과 붉은 입술로 미쳐보기도 하고
히치콕 영화처럼

내일은 입을 수 없을 것 같은 Black Satin 드레스로 오늘의 하늘을 덮는다

침묵의 포토폴리오

쉿, 집중해야 해요
불멸로 기억될 단어의 얼굴이 흘러내리고 있어요
예민한 정서를 가진
단어들로 나는 협곡을 지나는 다리를 건설 중이에요

*

소심했던 단어들이 발을 살며시 햇빛에 내밀어 보네요
베란다에 널린 빨래같이 익어 갈까요
긴 꼬리 감춘 문장을 두드려 보는 단어의 입술이 흘러내려요
난 낮에도 우울했어요
그런 날이 있지요 침묵하는 단어들이 하루를 망쳐놓는
사선으로 빗금 긋는 바람 때문에 찢어진 꽃잎뿐인 날
피어 보지 못한 꽃봉오리들 점점이 흩어져 버린
목이 잘린 문장들 피 흘리고 있습니다
여우 같이 결코 웃지 못합니다

*

　침묵은 오만한 외투를 입은 검은 혓바닥으로
　붉은 심장 거세 시키고 절망의 목록 태연히 기록하며 웃습니다
　침묵을 당하는 모든 진실은 독이 되지요[*]
　이기적인 침묵은 지옥의 방으로 마음을 부딪치게 합니다

　100가지 세는 인내로 단어의 허기를 달래야 합니다
　침묵이 매장한 단어를 캐내는 일은
　단순히 광부의 옷으로 갈아입는다고 해결될 일이 아닙니다
　침묵은 발뒤꿈치에 힘줘 버티는 이중섭의 흰 소 같아
　그림처럼 보기만 해야 합니다 만지는 것은 그림에 대한 예의가 아닙니다

　침묵이 푸른 방울을 흔들고
　새로운 단어의 신생아들이 재잘거리며 탄생하는 시간이

올까요
　침묵하는 단어들이 언젠가는 웃고 있는 천진난만한 이방인처럼 풀려날까요
　인내로 기어오르는 침묵의 석산은 곁을 내어 주지 않고
　간신히 붙잡고 견디는 짐작의 한계를 시험하여
　침묵을 업고 가는 등이 휩니다

* 니체

점 밖은 겨울

우린 같은 장소에서 서로 다른 풍경을 보고 있다
따뜻한 굴뚝이 사라진 거리에 서로의 유대감은 없다
유리창이 따뜻함을 모조리 반사하고 있다
너와 나, 서로의 점 밖은 겨울이다

따뜻한 노을을 눈에 간직한 채
한 묶음의 흔적들 차가운 겨울의 탑에 갇혀 버린다
인생을 이해하지 못해 괴로운 젊은이들의 점들이
맞서고 있는 것은 겨울악어 떼 들이다

*

점은 직진의 길 화살표를 그리지 못하고
낭만적이거나 독선적인 위험한 해석으로
겨울 속에 성장을 멈추었다
낙엽처럼 쓸려나가거나 붙어 있거나
하늘로 솟구쳤다 하강하는 모든 것들의 점 밖은 겨울이다

따뜻한 저녁을 끌고 가는 박스 줍는 아저씨의 점 밖은 겨울이다

거주할 성, 밖은 겨울이다

*

가지에 붙어 있다 끈기를 다한 것들의 점 밖은 겨울이다
싸움을 거는 것들에게 익숙해지려면 시간이 걸리지
도전의 언덕
선택의 갈림길에서 두꺼운 패딩으로 감싸고 덤벼 볼 일이야
태연히 살아남아야 아름다운 것이다
비밀문서처럼 봉해진 겨울 무덤은 투명하지 않아

점 밖은 겨울이라는 하얀 자막이 너무해
겨울바람이 유족처럼 울고 있다

기분이 다운될 땐 푸른 반짝이 옷을 입은 쉘 위 댄스를 틀고

 사는 것에 쉬운 일이 없다고 푸념하는 그녀 나의 멍든 하루를 빨갛게 칠한 손톱에 감추고 나왔는데 그녀 스스로 월동하지 못하는 한해살이 풀처럼 비상구만 쳐다본다 행복을 추구하는 동시대의 화두에 등지고 앉아 해결이 아닌 화해의 손은 거절히는, 겨울을 가로질러 봄을 지나 푸른 여름의 한가운데서도 여전히 삶의 비상구의 민낯은 추상적이고 거칠다 일상의 파도에 다듬어지지 않는 조약돌들을 골라내고 침착하게 넘어서는 우리들 낯설고 수상한 오늘을 버티고 있다

 갇혔던 표정을 밀어내듯 세련되고 다이내믹한 뮤지컬을 흉내 내듯이 넘치는 미친 짓을 하듯이 푸른 반짝이 옷을 입은 쉘 위 댄스를 틀어 놓고 9시면 칼퇴근하는 공허한 수기 야마의 멍든 하루와 춤을 추자 나를 유혹하고 나를 위로하는, 장미만 선물이 아니다 위로도 선물이다

 날마다 구겨지는 일상의 낙엽들 폭풍에 견디지 못해 익사하는 것들 기념비가 필요치 않아 비상구는 살아남은 자의 것 기분이 다운될 땐 푸른 반짝이 옷을 입은 쉘 위 댄스를 틀고 빨간 구두 소녀처럼 춤추며 정신병동을 탈출하자 풍선처럼 허파에 바람들 때까지 춤을 추자 그래 바람 가득

넓은 풍선이 되자

    삶은 평가가 아니라 반응하는 우리를 은밀히 관찰한다 심장은 출구를 향해 뛰어야 한다 비상구는 비상구를 찾는 자를 찾고 있다

    살아 있음에 암호의 낭떠러지같이 해답 없어도 한 번쯤은 가 볼 만한 길 기대에 찬 눈으로 본다 오늘은 무슨 짓으로 미친 짓을 하려는지 때론 한없이 기분을 다운시키는 사이코 삶 아저씨도 기대에 찬 눈으로 우리를 엿본다

악역이 떠야 드라마가 뜬다

 우린 서로의 눈을 지운다 각을 세우고 걸려 죽지 않을 만큼 넘어지게 하는 철책의 고통을 즐긴다 피의 맛을 아는 지독한 모기같이 서로를 고문한다 그늘을 베고 자는 어두운 자식같이 서로를 파괴할 망치를 들고 너를 죽이고 내가 사는 드라마 우리 삶의 다큐멘터리

 마음 여위어 가는 어수선한 바람 부는 세상의 뜰에 꽃 한 송이 심었다 사람들 표정 없는 무관심의 플랫폼에 서 있어 변화에 열린 공간이 없다 까마귀 눈으로 서정을 지우고 검은 열차 속에서 사냥을 위해 이리를 만들고 여우를 만들어 철책의 단추를 채우는 세상의 드라마

 철책은 오만한 강철 같아 뚫고 들어 올 온기를 차단하는 키다리 아저씨 뜰 안에서 택배 아저씨가 배달한 외로움과 놀고 있다 소파에 누워 기억하는 마주하는 얼굴들과 쉽게 헤어지고 너와 나 관계 속에서 계산하는 이기적인 눈빛이 하이에나를 닮았어 교활한 악역이 하이에나처럼 얼은 피로 만든 세상의 심장을 갉아 먹고 있는 장면이 오버랩되고

*

공원의 외로운 무릎 위로 쓸쓸한 그림자 홀로 덮이고 초대하는 사람도 초대할 사람도 없는 곁에 있어 주는 소중한 사람들을 매일 잃어간다 드라마 속 악역의 엔딩처럼

철책에 걸린 알맹이 없는 드라마에 사람들은 돌멩이를 던지고 찢어진 얼굴의 악역만 보여

원 안의 중심, 밖의 도마뱀

각자의 얼굴을 은밀하게 감추고
은유의 실루엣으로 그림자놀이 하는 관계의 중심은
앙상한 어깨를 안아 주는 서로의 원근법을 맞추는
비례와 반비례가 없는 평등한 수학 시간
수업이 끝난 책상 위엔
중심 없는 만석인 깊은 생각들의 관계가 삐걱이고

중심에 복종하는 조직 생활을 실천하지 않는 자
자발적 독립으로 무리에서 기꺼이 추방당한 자
가벼운 삶을 다한 장난감처럼 쉽게 모함을 당하고
중심을 두고 길게 뻗은 오래된 골목들도
원 밖의 사람들 꼬리 없는 도마뱀이라고 누명을 씌우고

중심을 허락지 않으려는 하늘과 하늘의 빈 곳을 노리는 새들 자리 싸움하는 어디를 봐도 깊숙이 대입된 중심엔 주인공만 존재해 우리는 애벌레의 중심을 찢고 나온 나비 하늘 향해 날아오르는 자유함을 모른다

나비
자유롭게 헤엄치는 바람의 지느러미

그 푸른색으로 칠한 집 한 채 하늘 빈구석에 세우고
오늘의 원 안에 중심이 없는 풍경을 달아놓고

비워 낸 도마뱀의 골목들 어깨동무할 친구를 잃고
꽃 떨어진 헐벗은 화분처럼 시선들의 중심을 비껴나가
애증의 관계로 청혼하는 우리들
도적같이 엄밀히
세상의 풍경들은 중심을 끊임없이 세우고
우린 원 밖의 꼬리 잘라버린 도마뱀처럼 중심을 벗어나
는 꿈을 꾸지

원을 찢어 버릴 용기가 우리에겐 없어
자유롭지 못해

길어진 음

  어제는 일곱 가지 계획을 세워 절반도 이루지 못했다 올해는 여덟 가지 계획을 세워 여름을 지나온 시간 그 시간까지 절반도 이루지 못하고 살았다

  계획은 강요의 느낌표 피켓을 들고 밑줄을 긋듯 확인하고
비장함을 충전시키려는 것들이 물음표로 고개를 갸우뚱

  표지 속 메마른 기사들같이
노력의 표식 없는 **뻔뻔한** 얼굴 비난하고
이미 차가운 불꽃쪽으로 환하게 저무는 계획들
무엇을 위해 무엇이 되기 위하여 애쓰는지
물음표로 반항하는 것들이 쉴 새 없이 물음표로 일어나고

  단숨에 이뤄야 할 것들 피워 내야 할 봄의 꽃들 깊음에서 솟아오르는 물방울 소리 귓가에 길어진 음으로 맴돌고 구근으로 겨우내 묻혀 있던 백합이 싹을 내밀 때 땅속에서 일어서려는 갈증들 모두에게 봄은 다 오지 않는다

  꿈을 꾸는 자들 봄의 백합 같아
그저 살아내는 자는 꿈을 꾸지 말아야 했다

계획은 꿈의 씨앗들을 품고 있는 백합
봄을 수집해 자르고 붙이고 기록도 해 보았다
꽃을 준비해야 하는데
아직도 겨울을 입은 나

쉼표없는 문장들이 가득한 곳에서 길어진 나태함이 졸고 있는 도서관
질서 잃은 문장들이 길어지는 음으로 머리를 어지럽힌다
내 안의 계획들이 결의의 모자를 벗어 던져 버리고
무책임의 주홍 글씨를 선택했다
백합은 벌써 싹을 내밀고
또 한 계절이 오고 있음에
지나간 계절의 계획 그 무의미를 깊이 파고든다
애초에
계획의 시작이 거대했다
마침표 없이 음만 길어지고

태연이라는 가면

태연이라는 가면을 쓰고
웅크린 이성에 사로잡혀
휘둘리는 마음 바람 같아서
훈기의 기억들 비정한 십자가에 못질되고 있다
캄캄한 적막을 갉아먹는 쥐새끼같이 영악한 태연이란 가면을 쓴
시퍼런 이성의 송곳니 어설픈 정을 물어뜯는다
모든 것에서 고립당하는 감옥 같은
닫아건 문들이 노크에도 반응하지 않아
거친 표면을 사포질하는 일도 노동이야

각을 세운 반짝이는 빛의 모양을 보다가
스스로 정화하는 힘 꿈틀하다 팬터마임 몸짓 어색해서
말도 없고 움직임도 없는 사물나라로 돌아선다
밖에 나서지 말 것 밖으로 말을 내지 말 것
태연이라는 가면의 조약으로 다시 묶인 이성이 문을 닫아건다

손만 뻗치면 온화한 바다인데
가면 밑 밀실에서 긴 시간의 굶주린 일상 새어 나가지 못

하게
   태연이라는 가면을 꾹 눌러 쓰는,
   몇 겹의 세월을 지나온 나에게 아직도 태연을 학습시키는지
   무수한 썰물과 밀물에도 정화하지 못하는
   내 무게가 무거워 갯벌에 자주 발이 빠지고
   누구도 안아 주지 못하는 이성으로 태연의 가면을 쓰고
   시든 잎처럼 저항도 못 해

   마네킹같이 태연의 가면을 쓰고 사는 이 세상도 태연하고
   메마른 이성이 따스한 감성을 이겨 먹었다
   그래도 난 태연이라는 가면을 쓰고 태연해야 한다

낙관적인 메시지

바람이 한 선으로 벗어나다 다시 한 선으로 모이듯
쓰러진 만큼 언젠가 일어서기만 하면 될 것 같은데
낙관적인 비례의 법칙이 여기저기에서 쓰러진다

우리는 기우뚱거리는 선을 붙잡은 위기의 시간을 견디고 있다

저녁의 불화는 평온한 밤의 뼈대를 부수고 나날이 속수무책이야
자주 미궁 속에 빠지는 원인은 무엇일까
대변하는 바로미터는 존재하지 않는다

내가 사는 동네는 안전하지 않다
모래 위에 세운 집
사랑하는 이웃이 사라진 창문은 굳게 입을 다물고
인사 건네는 이웃이 수상하다고 달려온 소문
낙관적인 메시지는 분홍빛 뽀얀 미소 같은 것

낮의 얼굴로 허기지도록 세상을 쇼핑해도
선물 같은 따스한 낙관적인 메시지를 손에 넣을 수 없어

견고하지 못한 마음이 세운 빗장 헐거운 벽 같아
실망한 마음이 덜컹거려
체감온도 -43도
동사 직전이야

낙관적인 메시지를 기다리는 우리
차가운 겨울을 쓴 모자처럼
쓰러질 곳 찾는, 신발 잃어버린 부랑자같이
골목을 쓸고 가는 찬 바람 화살같이
합격의 문 두드리는 수험생같이
심장 흔들며 두근거리게 하는 꿈같은
오아시스를 찾는 목마른 낙타같이

찾는 자의 낙관적인 메시지는
인색함이란 함에 넣어 두고 조금씩 꺼내주는 막대 사탕 같아

제2부 지금은 카프레제의 계절

낙엽

이름도 두고 가렴
잊혀짐이 아쉬워 오래 서 있지 말고 떠나가렴
단풍잎처럼 너의 마음에 불을 지르지 말고

*

꽃대를 밀고 올라오는 계절에 쫓기듯 마지막 낙엽의 등 벗겨지고
많은 감정들을 이겨낸
눅눅한 것들에겐 낙엽의 눈물 냄새가 난다

잃은 자가 잃은 자 곁에 머무는 잠든 희망 붙드는 것 같은 지나간 계절의 낙엽, 사람들은 지나간 것들에 관심이 없어 떨어진 낙엽 밟고 가는 자들 묵념하지 않는다 극한의 박탈과 상실을 요구하는 잔인한 현실만 존재해 마음의 무게는 외면한 지 오래야 이름도 두고 가렴 마음 남겨 놓지 말고 떠나가렴 직각으로 세상을 세우는 자들에게 넌 이미 지나간 계절의 낙엽 상처로 남기 전 떠나가렴 미련을 들키지 말고

파쇄되어야 할 단어

사소한 감정이라 치부하기엔 위험한 것들
언제부턴가 나는 거품의 웅덩이에 자주 빠지고
밝아오는 동쪽 하늘까지 붉은 거품 일어선
동네엔 평화가 사라지고
내일은 지켜 왔던 방어벽이 무너질 것이다
무거운 깊이 만큼의 뭉치는 것의 높이는 무기가 되지
강렬하게 솟구치는 거품의 대포알에서 무사할지

간섭 같은 은밀한 위로의 소문들
붉은색을 흰색으로 만드는 것 같아서
언제나 바탕색만 깔아놓지
쓸어버려야 할 감정들이 신경 쓰인다

영혼 없는 것들 어둠의 분자 모자를 벗겨내듯
마음에 가라앉은 앙금 같은 거품 걷어내는 햇빛 쨍쨍한 날
풋사과 일렁이는 옆집 밭이 풍성해지고
지붕엔 푸른 페인트가 칠해지고
잔잔한 평화스러움이 깃든 웅덩이에 물고기가 돌아오는
마을의 전설을 오래 기다려 보기도 하는 기분 좋은 날

단단하게 구축하는 나의 성에 평화를 비는 기도 소리 들려

　잡으면 어두운 무게로 우리 곁으로 날아드는 되돌이표 거품
　마술사의 손바닥에 내려앉을 장미꽃을 위하여
　아이들의 얼굴에 퍼지는 즐거운 웃음 바구니를 위해
　우리의 오른쪽에 걸쳐 앉은 절망의 주인공을 퇴장시키듯
　거품처럼 일어서는 것들 파쇄되어야 할 단어
　날아오르는 명쾌한 풍선이 되지 못하는 것들 파쇄되어야 할 거품들
　전쟁에 나간 활기참이 즐겁게 집으로 돌아올 수 있도록
　사라지는 나의 평화의 조약을 위해
　종이에 파쇄할 목록 집결시키고 있다

헛간

 건축되어 가는 세상의 타워 크레인에 걸린 우리들 맹렬히도 썩어 수성펜처럼 스며드는 시큰한 냄새는 헛간의 냄새를 품고 있다 먹잇감을 붙잡지 못한 어미들 마감 없는 미래의 살을 뜯어 먹는, 무거운 눈길의 파란 고드름을 지닌 익명의 성냥팔이 소녀들과 거리의 구석을 베고 자는 미래 없는 노숙자들의 헛간 시놉시스가 난장판이다

 수고하고 무거운 짐 진 자 내게로 오라는 서울의 예수 목소리 지쳐 간다
 헛간에서 태어나서 혼자 울었던 예수 2000년이 지난 후에도 헛간에서 울고 있는

 추위의 무게를 온몸으로 견디는 자들 해피 엔딩으로 끝나는 전설을 만들어 내고

 전설의 헛간은 풍랑에 배를 띄우지 못하는 답답한, 세상의 노래가 되지 못한 외로운 자들의 무거운 울음들을 불러들여 쉴 수 있는 구석을 내어주었다 오늘은 죽지만 내일을 깨우는 종소리의 대합실이었다

너와 나의 헛간 재회의 노란 손수건을 걸고 맨발의 성냥팔이 소녀들 파란 고드름 녹이는 다정한 등 하나 걸어두고 "누구든 좋소. 여기 쉴 곳으로 오시오. 세상의 어두운 그늘들이여" 텅 빈 보물 상자 경품으로 내건 홍보하는 빈말의 약도가 미로다 헛간으로 가는 미로의 길 어둠 속에 썩은 사과 베어 물은 가난한 헛간의 선심 더 이상 도피처가 아니다 붉은 사랑의 심장 맹렬히 썩어버린 사과 같은 헛간이 주렁주렁 걸린 거리엔 찬 바람 덜컹거리고 있어 꿈도 꾸지 못하고 편히 자지도 못하게 하는 평안 깨진 우리들의 종착역

　헛간에서 태어나 옆구리 찔린 예수도 꿰매지 못하는 마음의 구원
　재회의 주소 잃은 노란 손수건 쓰레기통에 찢겨 버려져 회개도 되지 못하고
　헛간 이마의 그늘이 짙다

선물 포장법

마음을 담는 게 선물이라고
푸른 나무의 향기와 맑은 창의 마음을 담아
밝을 날도 있을 거라고 적는다
또 나는 잘 있다고 쓰려다
마음을 감추는 포장 법을 잘 몰라서
정말은 잘 있지 못하다고 쓸 뻔했다

받는 자의 기쁨으로 펼쳐질 포장법이 필요하다는데
포장을 잘해야 선물이 빛나 보인다는데
포장법을 잘 몰라
각이 맞지 않은 정직한 마음들이 민낯을 보인다

지난겨울 바닷가에서 주워 온 조약돌의 둥근 무릎과
잠 못 자던 밤 어둠에 서 있던 나무의 외로움과
맑은 날 창가에 나팔꽃 피어나던 아침 종소리와
많이 그리웠노라고 유치한 고백의 선물을 보내려 했는데
조그만 상자에 구부려지지 않는 마음이 꿈틀거리며 튀어
나와 잘 포장되지 않는다

과장의 중심을 비워

반갑게 뛰어나오는 골목의 경계 없는 다정함으로
빛나는 직유의 생명력으로 솟아나는 연한 새싹들의 교훈을 포장하려 한다
존중하는 마음만으로는 예의가 성립되지 않겠지만
예민하게 보면 그래도 잘 포장하기 위해 정성 묻은 두툼한 마음이 보이겠지
푸샤티의 if you know you know(아는 사람은 아니까)노래로 안도하려 한다

모서리의 각이 맞지 않아도 곡선의 부드러운 마음과
민낯 부끄러워 연한 립스틱을 바르고 곱게 머리 빗은 정성으로
존경의 마음 만석같이 임명하는 기억에
붉은 리본 매달고
내게 와서 울컥하던 그리움의 재회를 포장하려 한다

허세

굵은 허벅지 드러낸 햇살의 허세가 봉숭아 꽃잎을 다스리고 있다
소심한 페이지에 누운 세상 것들이 햇살의 허세를 서둘러 모방한다
쏟아지듯
햇살을 한꺼번에 쏟아내는
허세는 일으키는 용기가 필요할 때 쓰는 묘약
헛되이 쓰는 자 멸망의 폼페이가 입 벌리고 기다리고 있다

꼴값 떠는 삼손이 지겹다고 한밤중 가위는 머리카락을 잘라 냈다
건방진 가위 허세 부리는 삼손을 다스린다
허세 부리는 가위가 우리의 허세를 다스린다
길어진 삼손의 허세 무거워지고
무거운 허세는 망치처럼 사람들을 내리친다
컹컹거리는 허세의 이리 우리를 물고 낭떠러지에 빠뜨리기도 하지

허세의 무게만큼 어두운 방이 기운다

허세 부리다 깊은 마음의 지옥에 빠진
벌거벗은 허세로 다시 시작하려는 창업이 가난하다
허세는 진지하면 안 돼 가벼워야 해
거만한 머리 두 개 달린 뱀의 허세 자비의 시간은 끝났다

잠깐 머물다 가는 간이역 귀퉁이에 핀 꽃들 허세를 부리며
숨을 곳 찾는 우리를 외면한다
가끔 시비 걸어 진흙탕으로 넘어지는 골목들도 정장을 입고 허세를 부린다
세상의 무너진 기둥에 짓밟히는 삼손의 후예들
재난의 허세 숨을 동굴은 파헤쳐졌고
황폐한 사막에는 여우도 허세를 부려
다시 돌아갈 성도 덩달아 허세 부린다
허세는 소담스럽게 피는 하얀 수국송이 같아 우리를 미혹하지
혈세를 거두던 허세 삭개오의 뽕나무에도 오를 수 없어
삼손을 치는 채찍 같은 재난의 지옥으로 보내기도 한다
허세는 두 얼굴의 사나이 '지킬 앤드 하이드' 같아서

고(GO)생(生)

웃어야만 하는 미래 건풀의 아빠가 되기 전
아이야 지금 목청껏 울어 두어라
집을 짓는 함몰된 아빠의 어깨는
꼭 다문 두 줄 버튼의 자켓의 모직처럼 단단해
아이들의 2층 침대를 만들던
세월의 고단한 발에 동전 파스를 붙이는 아빠 씩씩한 팔로 웃는다

즐거운 집 아빠의 한숨이 든든한 기둥이 되고
철부지 완두콩 아이들 무등 태우는 고단한 어깨
솟아 나는 기쁨으로 아이들의 날개를 닦는 아빠
오늘을 불도저같이 웃는다

아가야, 사랑스런 아가야
아빠의 지붕이 낙엽처럼 색이 바랬구나
생의 언덕을 걸어가는 세월의 웃음이 메마른 가지 같아
거센 물살 거슬러 올라가
산란 후 죽어야 하는 슬픈 연어 같아

*

강 건너편 아버지 큰 팔을 벌리고 건너오라 한다
세상의 물속을 유연하게 헤엄치는 법을 가르쳐
건너편 땅을 내게 주려 계속 재촉하셨네
앞만 보고 오라는데 망설이는 걸음걸이에 염려가 짙어져
아버지 자꾸 눈이 물속으로 잠겨 들어가요
끈을 달지 않는 미완성의 눈이 서 있어요

삶은 고생(苦生)이 아니라 고(GO)생(生)이라고
  가슴에 꽂힌 아버지의 녹슨 말이 세상의 벽을 견디게 하고
  내 몸에 맞도록 수선된 길을 만드신 아버지
  낭떠러지가 아니라고 큰 팔 벌리고 건너오라 한다

지금은 카프레제의 계절

엄마는 늘 겨울에 서 있고
난 얼음이 녹을 때쯤 엄마의 삶을 다 읽어 버렸다

노력으로 껴안아야 하는 역심각형 관계
평안의 선들을 지우는 스토리들과의 동거는 진작 지워 냈어야 했어

먼 길 돌아와 노크하면 문을 여는 햇살 같아야 할 엄마는 슬픔이었어
겨울 왕국 꼭대기에 앉은 불편한 추위를 물리치듯
유쾌한 아침 비타민을 먹듯 난 빨간 토마토로 카프레제를 만든다
지금은 카프레제의 계절
어쩌나 모차렐라 치즈가 모자라
나무라시는 엄마, 삶이 완벽한가요
난 재료가 부족해도 카프레제를 만들 수 있어요

*

붉은 피를 만들고 형태를 만드는 능력의 햇살 내가 태어

나기도 전 구름 뒤에 숨었지만 우울의 이끼숲을 뒤져 따스함을 넣고 각박한 감정의 빈틈을 메우는 천 개의 유쾌함으로 모두와 친숙해지고 싶다

   오랫동안 고요히 따뜻해진 붉은 토마토로 카프레제를 만들자
   모자라는 모차렐라 치즈 대신 바질 페스토를 충분히 뿌리고

*

겨울에 서 있는 엄마, 난 춥지 않아요 이미 두꺼운 외투가 많거든요
   우린 안타깝게도 완벽한 사랑과는 손을 잡지 못해요
   낯선 품이 불안해요 양말을 신겨 주시지 마세요
   난 미숙해요 그래도 길을 가르쳐 주려 애쓰지 마세요
   삶의 바퀴 좌충우돌 시행착오 덜컹거림으로 여기까지 왔어요
   완벽함은 삶을 지루하게 해요

Gradation

나를 세상에 태어나게 한 부모를 고소하고 싶어요
가버나움capernaum 자인의 목소리에
인간적인 니체가 피폐해진다

_서류는 있어?
네가 인간이라는 증거 말이야*
재촉하는 채권자들 같은
공략법이 비열한 화살의 입들이 펄펄 달아오른다
독한 욕 같은 단어 아껴 써야 하는데 중심이 되면 개 같아
태어나게 해서 살던 마당엔 날카로운 못들 튀어나와
작은 아이 마음에 구멍 뚫어 놓는
먹먹함으로 그라데이션 되는 대사가 영화적이야
혀끝의 비열한 낱말들의 조합들로 머리가 노랗게 물든다
달콤한 노란 타르트가 왜 생각나는 걸까, 니체

니체, 인간을 찾아 다니는 들개들에게
더 이상 굴복하지 않겠습니다 주저함 없이 오기를 풀어
내겠습니다

삶의 욕 같은 일상에 붉은 신호등 같은 인간들 개같이 만나고
물고 뜯고 서로에게 생채기 내며 관계를 확인하려 한다
매일같이 사랑스런 인간은 아니므로
언제쯤 푸름으로 그라데이션 될까, 니체
따뜻한 어깨를 맞댄 서로의 푸른 신호등이 될까
인간적인 너무나 인간적인

*

니체 짙은 에스프레소 아침의 탁자 위
인간적인 너무나 인간적인 읽다 만 그의 책이 펄럭인다
인간이란 증명서 개목걸이처럼 달고 다녀야 할
자인을 생각하는 이마에 노여움이 물든다

덜컹거리는 사랑의 증명서로 불면의 밤을 지낸 남자가
샛노란 레몬 필링 위에 올려진
부드러운 생크림 가득한 레몬 타르트 한 조각을 건넨다
혀끝으로 아껴 먹는 행복에

니체 이제 인간의 얼굴이 되다

                       *

꼭꼭 뭉쳐진 주먹밥 같은 가족증명서
우리의 지루한 일상의 난센스같이 서류를 요구하고
그들의 관행을 위해 종이에 숫자들이 눕는다
숫자마다 각자의 얼굴들이 암호같이 세워지고

생전에 벚꽃 피는 날 떠나고 싶다던
병든 아버지 벚꽃으로 그라데이션 되어
사망신고 하는 날 인간이었음을 증명하고
나도 눈물 흘릴 수 있는 따스한 눈을 가진 인간이 되었다
가족은 떠난 뒤 그리움으로 더욱 결속된다

늙은 니체가 자인의 주먹 쥔 손에 빵을 건넨다 가족은 따뜻한 빵 같아
  자인의 목소리가 깊은 동굴에서 울리는 가슴 시린 바람 같은 날
  넘어지는 관계를 일으키듯 고양이 창고에서 새끼를 낳고

고양이 가족 따뜻한 아침을 거두고 있다
꼭 닮은 게 가족이다
아기 고양이 귀여운 모습에 니체 얼굴에 웃음이 그라데이션 된다
자인의 난민촌에도 영화 같은 극적인 햇살이 그라데이션 되고

인간적인 너무나 인간적인

차가운 관계에 회복이 그라데이션 되는

아버지의 아버지 그들의 뿌리를 자인에게 쥐여 준다.

* 나딘 라바키 감독의 Capernaum의 대사

클로즈업

맨발의 청년의 아름다운 단서를 지우듯 폭우가 쏟아지고 있다
나무 한 그루 밀려갔다 밀려오는 폭우의 풍경에 시소를 타고 있다

여름에 오는 비는 쏟아놓고 몰입하게 하는 나쁜 남자 같아
미혹하는
춤추는 튀르키예 남자의 속눈썹이 아름다웠다고
등을 꼿꼿이 편 횡설수설 비가 온다

폭우는 괴레메 버섯집의 개구쟁이 소년처럼 강약이 맞지 않는 북을 치고
수면 부족에 신경질적으로 낯을 찌푸리며 나팔꽃이 일어난다
어쩜 늑대가 나타났다고 거리낌 없이 거짓말하던 소년이 왔는지도 몰라
깜짝 놀라 노랗게 물든 장미가 고개를 번쩍 든다

클로즈업된 풍경엔

이래도 한세상 저래도 한세상을 끌고 가는 손수레가 지나가고
아스팔트 위에도
권태기의 창에도
바다로 소풍 가는 들뜬 투명 물고기들이 펄떡이고 있다

비 내리는 풍경을 동그랗게 말아 삼킨 오목 거울
권태기의 도시 거리에 위로공연을 하듯
옷 속으로 빗물을 가득 담은 개구쟁이 소년의 북소리는 더욱 커지고
속눈썹이 아름다운 튀르키예 남자가 맨발로 세마춤을 춤을 추고
폭우의 축제, 물고기들 실로폰 두들기고 지붕들은 탬버린을 치고

카파도키아 열기구를 타고 새의 날개가 되고 싶었다고 폭로하던
젖은 날개들 넓은 후박 잎으로 춤을 추고
번개와 천둥의 장단에 맞춰 폭우는
검은 옷을 흰옷으로 바꿔 입은 절정의 세마춤을 춘다

빙글빙글 돌던 거리의 찌든 얼굴들이 젖은 종이처럼 찢어지고

도시의 권태도 찢어져

하늘의 지진으로 천둥은 치고 번개가 하늘길 여는 축제의 장

흥에 겨워 독한 술 라크를 마신 폭우는 신들린 듯이 세마춤을 추고

리듬 타는 피노키오

 피노키오, 세상에 대한 독서도 거짓말처럼 즐길 수 있다면 푸른 이마의 새들처럼 자유로울 수 있겠네 알고리즘의 노예 족쇄 찬 발걸음이 무거워 난 절룩거리고 있다

 피노키오, 작은 구멍의 죄에도 손들고 벌을 세우는
 공의의 화살촉이 거짓말하는 너를 향해 있어
 넘어진 자의 노래의 가뭄을 모른 척하는 폭력의 밑그림을 감춘 무덤이야
 발효되지 않은 정직한 말에 상처 입은 자들 깊은 동굴 카타콤에 매장되고
 정직한 직유의 폭언으로 우리의 이웃 욥이 울고 있다

*

 때론 유쾌한 거짓말이 희망의 메시지를 흘려 삶을 이어가게 한다고, 거짓말 같은 내일을 위해 오늘을 속아주며 사는 모순을 눈감아 주듯이, 전지를 해 줬어야 했던 묵은 가지 꽃이 유난히 붉어 가지치기의 유예함을 핑계 대며 올해도 사과나무를 붙들고 있음과 같이,

*

피노키오 코처럼 키만 키우는
7년 된 발렌타인 쟈스민 내년 봄에는 하얀 꽃을 피울 수 있을 거라고
(우연히 본 같은 이름의 쟈스민은 보라색 꽃이었다)
내일의 희망을 위해 오늘 거짓말 꽃을 난발하지만
발렌타인 쟈스민과 우린 진실을 알고 있다

스페인 엔카츠 벼룩시장의 한 컨에서
오르골 소리에 머리를 끄덕이며 리듬 타는 낡은 목각 인형 피노키오
마음의 가뭄에 단비 같은
산자락에서 뛰어나온 듯 넌 사랑스러운 초록의 봄이었다

오 거짓말쟁이 피노키오
너의 거짓말에 마냥 웃고 싶은데 난 정직한 어른이 되어야 해
사람들의 가느다란 하얀 뼈가 굵어질 때까지 거짓말을 하고 싶은데

만우절 오늘도 엄격한 어른들은 신의 눈으로 회초리를 든다

지엄한 세상의 제피토 어르신들
피노키오와 나에게 심각한 표정으로 거짓말하지 않기를 맹세시키고
그래도 난 내일의 발렌타인 쟈스민 같은 이들에게
희망적인 하얀꽃 같은 거짓말을 할 거라고
설득당하지 않을 각오를 붙들고
피노키오 긍정인지 부정인지 리듬 타듯 고개를 자꾸 끄덕이고

파란 띠 하나

바람 불고 파도 거센 홍해를 같이 건너 줄 수 있겠느냐고 배반의 덩어리인 줄 모르고 세상에게 물었다 유일하게 오른손 번쩍 든 파란띠 하나 내 편이 되어 줬어 오늘의 굳건한 나무의 리얼리티에는 어제를 딛고 선 흔들리는 발걸음의 교훈이 있기 때문 삶의 긴 끈에는 붉은색도 있고 검은색도 있더라 엉뚱하게 하필이면 파란 띠냐고 나를 도무지 이해하지 못하겠다고 당신은 그랬지

등뼈도 척추도 없어 늘 접히기만 하던 시절
접힌 자리에 내 편 파란 띠 하나의 절대 수를 앉히고
세상의 멱살 잡고 목소리 높이던 시절 있었지

하나만을 바라보는, 반대의 감정에 이해를 구하지 않아도 되는, 누구나 자신을 일으키는 상징 하나쯤은 갖고 있지 바람 부는 날 홍해를 육지같이 건너는 용기의 파란 띠 하나 소리 없는 외침의 진동에 삶의 벽들이 경쾌한 발소리를 내며 따라가고 긍정적인 미래의 나를 위해 환영 같은 이 장면을 붙들었다 홍해 건너는 길 짙은 어둠은 보이지 않았어

파란 띠 하나만 보여

절벽도 건너 뛸

낙심의 덜컹거림도 내 편 파란 띠 하나에 묶어두면
등뼈 흘러내리는 삶 흐느적거려도
폭풍에 쓰러지는 나무 같아도
뛰어와 붙잡아 주는 파란 띠의 눈빛 수혈받아
흐린 날 힘내 살아갈 수 있었다

소실된 용기를 찾는 빠른 지름길로 나를 업고 달려가 주는 파란 띠 하나 무너짐을 붙드는 또 하나의 힘 내 편, 내 편 하나가 주는 안정감으로 난 평안에 정착할 수 있었다. 하나가 아닌 잡식성 삶의 골목 드라마틱해서 재밌다지만 흥미를 잃었어 하나에 집착하고 질투하는 하나만을 고집하는 편식대왕 나보고 파란 띠 하나에 애착병이 든 것인지 모른다고 당신들이 말했고 이해를 구하지 말라고는 파란 띠가 말했다

파란 띠 하나만 보여
절벽도 건너 뛸

또 등뼈 잃은 흐느적거림이 나에게 앉을 때

나는 머리에 파란 띠 하나 두르고 홍해를 건너간다
믿을 놈 하나 없는 세상에 외로운 질문 하지 말고
앞만 보고 걸어가자 파란 띠 하나
옆을 보면 삼킬 듯 상처의 파도가 넘실거려
앞만 보고 가자

자책

신생아처럼 서툴게 태어난 선들 삐뚤거리는 선들로는
푸른 나무와 싱싱한 산등성이를 새기지 못해
내 안의 어린아이가 아우성이다
꽃 피울 삶의 마당에 꽃들 시침질만 하고 있어 자책한다

이 삐뚤거리는 선들을 지적하는 사람들은 낙심을 앉히고 내가 새기는 길들이 비뚤거리면 어떠랴 안일함이 서툼을 길렀다 떡잎도 새기지 못하는 나에게 우람한 나무를 재촉하는 급브레이크와 급회전을 하는 사람들의 뒷자리 멍한 하루에 앉은 내 얼굴을 사람들은 제멋대로 해석하고 감당할 수 없는 상황에 복종하는 굴욕으로 내 안의 연약함이 세상 잣대의 채찍을 맞는다

제대로 이루지 못한 자 죄인으로 몰고 가는 편견
잡으려 오는 자책에 걸음이 느려 곧 잡히고 마는
이 어눌함과 서툼이 덫이 될 줄이야
한 자루의 신음소리가 내 방에 동거하고 있다
선반엔 자책하는 구름 같은 마음이
먼지에 누워 맑은 하늘을 흐려 놓고

삐뚤거리는 서툰 솜씨는
새에게 날개를 주지 못해 날지 못하게 하고
꽃들에게 붉은 심장을 줄 수 없어 낙엽이 되게 하고
하늘은 맑은 파란 색을 새길 수 없어 늘 먹구름이다

내가 새긴 초상화는 서툰 솜씨로 곳곳이 뭉크의 절규다 삐뚤거리는 서툼으로 숲으로 향하는 길을 끊어 놓기도 해 나의 뒤에 따라오는 삐뚤거리는 길 자주 진흙탕에 빠지기도 하지 모나리자 얼굴을 삐뚤거리는 선들로 머리 긴 성난 마귀 할미로 새겨 놓기도 하고 목을 길게 뺀 모딜리아니의 소녀를 닮은 모나리자, 서툰 코미디 같아 사람들을 짜증나게 하고

그래도 난 삐뚤거리는 서툰 솜씨로 열심을 다해 메마른 산등성이에 푸른 나무를 심으려 했고 새들에게도 날개를 주려 했다 지금도 꽃들에게 붉은 심장을 주기 위해 삐뚤거리는 선들을 붙잡고 있다 눈동자 없는 눈을 그리는 모딜리아니 당신의 영혼을 알게 되면 당신의 눈동자를 그려 주겠다던 약속이 왜 문득 떠오르는 걸까 열심을 다하는 나의 영혼을 모딜리아니가 알아줬으면

아직은 연분홍

뜨거워 보지 못해서 잎은 아직 푸르지 않아서
꽃의 뺨은 연분홍
아직 비바람의 매몰참에 걷어 차여 본 적 없어
바람의 연정에 수줍은 마음 옷소매 끝없이 말아 넣는
반투명 창에 비친 황홀한 날들

충분히 뜨겁지 않으므로 실수처럼 많은 계절 붙잡을 수도 있겠지
오직 잎은 아직 푸르지 않아서
뜨겁지도 차갑지도 않은
무질서의 계절이라고 변명의 입을 열 수도 있겠지

심장에 새겨진 열정이 아직은 여물지 않았다고
번창하는 비즈니스에 열을 올린 노란 개나리의 4월이
비슷한 계열의 한 시즌에 유행하던 향기를
이해의 훈훈한 의미를 켜켜이 꽃송이에 새겨 넣어 준다

비릿한 물고기 숨결 연분홍 계절
풋송이들 붉게 타오를 뜨거운 계절을 준비하고 있다
꽃피고 열매 맺고 씨앗 퍼트리는 계절의 계단을 올라가는

아직은 서툰 연분홍 시침질의 시간에
채근하는 조급한 경험의 늙은 어른들
실패도 염려하지 않는 교만해도 되는 계절이라고 내가 대변하지만
성숙의 학교에 입학을 서둘러야 할 거야 너의 계절이 마감되기 전

찬바람에도 꿈꾸는 꽃은
묻히기를 자주하고 마음 들키기도 하면서 익어가고 있다
꿈은 꽃 같아서 언제나 한계 없이 피어올라
활짝 핀 계절 문 열기도 전 폭풍이 환상을 휩쓸어 버리기도 하지
세찬 바람개비 바람 불어도 입술 깨물고 세차게 뛰어올라 가야 해
햇살에 빛나는 그날들에 안 가볼 순 없잖아
치맛자락 걷어 부치고 100m 달리기를 해 보는 거야
용감할 수 있는 계절 넘어져도 예쁜

요술 망태기 바람에 치맛자락 뒤로 훌러덩 말아 올라간 연분홍꽃

-누가 보면 어때요 다 남인데*
연분홍 입술 할 말이 많다 그래 때론 뻔뻔함도 필요하지

* 영화 인간 중독 대사

트리트먼트

  푸석한 것들 거친 것들로 아침마당이 후박나무 빈가지처럼 들썩인다
  하루가 푸석한 것들 거친 것들에 점령당한 것 같아서
  변덕스런 일기예보 가늠하기 어려운 엉켜버리는
  오늘이 사소한 밀당에 약탈당하는 것 같아서
  무서운 벼락에 자기를 미끼로 쓰는 것 같아서 억울하고

  푸석한 것들과 거친 것들에게 하루를 내어 줄 순 없어
  이유를 알고 깨닫게 하는 단서를 찾아야 해
  번개가 세상을 거세게 번쩍 들어 올리듯 벌떡 일어나
  엉킨 실타래를 풀 듯이 해답을 찾아야 한다
  엉켜 있는 머리카락들이 어수선하게 삐쳐 나와
  질문에 삐쳐나온 모서리처럼 해답의 입을 막고 있어
  막힌 길의 맞닿은 새로운 시작점을 침착하게 넘어서지 못했는데
  빗을수록 머리카락이 더 엉켜버리듯 생각들이 정리를 비껴 간다

  새로운 묘책이 비상약처럼 숨어 있을 거야
  머리 벅벅 긁던 짜증을 거두고 차분히 다정히

처음의 순서대로 머리를 샴푸하고 트리트먼트를 해 본다
트리트먼트한 머리와 마음의 직선이 한결 부드러워져
생각이 부드러워지고 목소리가 한결 부드러워지고

푸석한것들 거친것들
못본척하거나 다스리거나
살면서 매일이 트리트먼트한 머리처럼 매끄럽기만 할까
예측 불가능 일기예보 심통 부리는 것들
사소한 것들에게 예민하게 반응할 필요가 없었는데

자전하는 지구 위의 모든 것들이
자전의 회복을 애쓰고 있음을 잊고 있음이 문제야

제3부 Nothing

베데스다 연못

   희망은 웃음 뒤 절망의 나락 감추고 유혹의 눈 맞춘 애인 같아 부풀다 떨어지는 배신 같은 악몽 비참해서 서럽기도 해

   병든 악취의 밑면이 넓어질수록 사람들의 자비의 마음은 깨진 창문 같아 움켜잡으려는 열 손가락에 피 묻은 유리 조각만 남아 오늘도 먹이 노리는 늑대같이 우린 사나워지고 난 세상의 경쟁에서 진 패배자처럼 베데스다 연못가에 날개 꺾인 새같이 마른 까마귀 울음소리 듣고 있다 작은 세상 마당의 전쟁터 베데스다 연못가 치열함의 독사들이 도사리고 있어

   패배의 심정을 그대들은 아는가 38년 세월의 낙담을. 오늘도 지친 까마귀 소리로 사치스러운 희망을 품었다 암석같이 귀 닫은 희망을, 텅 빈 물병 같은 것을, 천사도 구제할 수 없는 난파선에서 소리치는 구조의 깃발은 긴 세월에 찢긴 내 얼굴 같아 현수막 같은 몰골은 냄새가 나

   갓길에 내쳐진 희망을 비웃듯 구경하는 사람들 내 앞에서 살찐 송아지들같이 뒤뚱거리며 미끈한 다리를 자랑하

고 검푸른 연못을 헤엄치는 불안의 눈알 의미조차 부여하고 싶지 않은

검은 베일 쓴 화살

−정신이 구부릴 수 없는 건 없다
우린 모두 부족하고 용서가 필요 해
엘리모시너리

  그들 불안의 신호등은 붉은색이다 내일의 푸른 신호등 건너가려는 각오도 없이 깊은 사막의 시간으로 향한다 마음속의 푸른 바이올린 소리 고갈된, 아가리 벌린 낙심의 항아리에 물을 채우며 기쁨의 마법 양탄자를 깊게 말아 버린 베일 밑 은둔하는 자아 세상의 전쟁에 살벌한 용기로 장렬한 전사도 꿈꾸지 못하는 무력한, 미리 포기한 희망의 허기에 잠식당한, 슬픔의 감정에 골몰해 보는 것이 인생을 알아가는 것이라는데 통곡의 오기로 풀지 못하고 베일 뒤에 숨어버리는 나약함으로 검은 베일 쓴 화살의 몰락은 익어가고 있다

  세상의 서바이벌게임에 검은 베일을 쓴 화살, 빛의 토양으로 필요한 물자를 조달할 수 없는 가난한 섬 포기의 배낭 속 화살 주자로도 실격이야 탈출한 붉은 고양이 먹이감 노리는 민첩함으로 검은 베일 쓴 화살을 물고 달아난다 검은 베일의 어둠이 방향을 묻어 버려 한없이 끌려다니는, 추방당할 무인도도 없는 무기도 될 수도 없는 좀비 같은, 온몸을 지탱하는 등뼈 갉아 먹는 검은 혓바닥 날파리만 무성해 개척의 노동이 검은 베일 속에서 잠만 자고 있다 그대들 실천하고 책임지는 삶이 두려운가

마라톤 경주자들 무거운 발목이 엉겨 붙는 길에서 인내를 배운다 조금만 가면 큰 느티나무 쉼이 기다리고 있는데 경주자가 아닌 자들 쉼을 허락받으면 불공평해 강한 불길한 예감을 안고 절망에 하얀 백기 들고 항복한 검은 베일 쓴 화살 연습생들의 과녁은 멀기만 해 검은 베일 쓴 화살 책임 회피의 게으른 베일의 감옥에서 석방되긴 틀렸다 깊은 절망은 무능을 낳아

마법을 쓸 때 사자머리가 된다

그는 검은 얼굴로 먹구름을 몰고 다니는 듯 유쾌하지 않고
그가 지나간 자리엔 맹그로브 숲 엉긴 뿌리 같은 소문이 난무하고
숨막히는 더위에도 카키색 긴 옷을 망토처럼 입는
기괴한 모습이 가십거리를 만들고
강렬한 뱀의 눈빛은 유혹도 아닌 혐오의 100마리의 뱀
후일담조차 될 수 없는 말들이 꼬리를 물어
우리는 그를 마법사라고 부르기로 했다
우리의 일상에 들어 온 그의 마법의 진실을 본 사람은 없다
드라큘라의 이빨을 감춘 길게 늘어진 입꼬리는 소문을 긍정하는 듯하고

비 오는 밤 사자의 포효 소리로 울부짖는 그의 노래에
우리는 창문을 단속하고 아이들을 단속하고 우리의 안전을 단속했다
그때부터 마법을 쓸 때 사자머리가 된다는 유언비어가 여백 없는 소문이 되고
그는 정말 마법사일까

그의 은밀한 눈빛만큼 은밀한 집 그 어둠에서 행해지는 장면을 상상하며
그 장면 속으로 우린 기꺼이 돌진할 태세였다
이해력이나 분석도 없이 이제 그는 무조건 마법사가 되어야 한다
우린 참새같이 그의 방앗간을 지나치지 못하고

어느 날 그가 장가를 간다고 소문이 나고
우린 그의 신부가 궁금해서 미칠 지경이었다
그의 신혼집은 검은 커튼으로 은밀하고
소문의 진상을 알아차릴 근거를 잡지 못했다

그의 행동은 마법이 되고 그를 관찰하는 우린 비명을 질러야 된다
우린 그를 반짝이 양말을 신기고 콧수염도 붙여 마법사로 탄생시켰다

장가가는 날
그는 마법을 쓸 때의 사자머리를 하고
마법으로 만들어 낸 겨울왕국 엘사 같은 신부와 웃으며

기념 촬영을 하고
　하객들에게 인사를 하고
　우린 그의 평범함에 실망감을 감추지 못했다
　스쳐 지나지 못할 이유 많은 우린 그의 마법으로 참새가 된 걸까
　우리의 기념사진에 웃는 사람은 한 사람도 없었다

Nothing

네 호주머니에 무엇을 감추고 있니
아무것도 아니야
옮겨오는 불편의 벽에 피부병처럼 번지는 곰팡이를 숨겼을 뿐
아무것도 아니야
잡티 많은 자들 게스트로 가득 찬 방을 견디고 있어
끊임없이 흥미를 끌어당기는 대립각들에게
내놓은 것은 또 한 번의 진심인데
흥미롭지 않은 이유로 시비를 걸면
잃을 게 없는 아무것도 못된 사람들의 용기를 보여 주는 거야
쎈 주먹에 한 방 맞으면 느티나무 한철 매미처럼 울어 보는 거야

지경을 넓히고 누군가에게 향기로 남고 싶다는 꽃 같은 마음이 없어
나비가 될래
나비처럼 무심히 앉아 있다 무심히 돌아갈게
돌려 걷어차기 싸움의 거친 숨소리로
흥미롭지 않은 것들 괄호 속에 넣어 버린다

판단의 오류들이 은하계를 돌고
다시 세상의 편견의 덫에 걸렸다
흥미롭게도 나는
아무것도 못 되는 내 감정의 편애를 고이 둥지 속에 넣는다
흥미롭지 못한 행동이라고 닮은 구석 없는 사람들이 말하지만
시대의 빛나는 화두 명사도 되지 못할 나를
열렬히 흡수해주는 오렌지 주스 같은 팬이 몇이나 있을까

아무짝에도 쓸모없는 인간이야
독한 비난의 말에 단단히 매여 있어야 나를 붙들 수 있을 것 같다
Nothing이란 단어의 칼날이 나의 자존감을 아프게 찌르고
-아무것도 아닌 것이 흥미롭지 않은 것이
나에게 주는 단어 세상 휘돌다
너에게도 갈 수 있는 단어
대명사 Nothing의 흰 송곳니

음악으로 건네는 이야기

 오늘이란 진지한 주제에 비껴 앉은 불량함은
 지루한 일상에 스타카토를 찍듯 장난스럽게 찔러 보는
 불량함이 내 세포 속에 언제나 잠재해 있다
 이 억지스러운 불량함에 깊숙이 앉아 팽이처럼 돌다 쓰러지는
 데시벨 높이는 감정을 누그러뜨릴 무언가를 찾다 음악을 튼다
 이 불량함의 미립자들이 어디로 튈지 몰라 누군가에게 붙잡혀 앉아야 한다

 음악은 숙련된 관찰자로 나를 이끈다 집중하지 않고 무심히 바라볼 수 있는 풍경 같은, 부담스럽지 않은 친숙함으로 불량함의 나를 해체하여 흑백사진같이 요란하지 않은 음악이 건네는 이야기에 조용히 풍경으로 흐르게 한다 바람을 고요히 밀어 자연스럽게 요나의 불량함을 삼킨 그 고래 배 속 불편한 의자에 앉혀 나의 풍경을 담담히 보게 한다 억지 부리는 불량함의 풍경을

 때론 인간은 손에 쥐여 주는 빵 한 조각보다 누군가 자신의 존재를 지켜봐 주는 인정의 눈을

더 갈망하는지 모른다*

  지겨움에 대항하듯 유희를 추구하던 불량기의 다리도 지쳤다
  불량함으로 요나의 의자에 앉아 억지 부리는 것을
  똑바로 서 있음으로 스스로 나무가 된 무언의 모범으로
  요란한 이편 풍경에서 저편 진지하고 고요함의 풍경으로 이끄는
  램스울의 따뜻함이 공존하는 음악으로 건네는 이야기가
  불안정하고 난폭스런 나의 불량함을 덮는다

* 구스타보 두다멜 : LA 필하모닉 음악감독, 상임지휘자

느닷없이 여름이 오는 것처럼

아직도 추위와 한기의 옷을 입은 나에게
따스한 봄이란 초점이 맞지 않은 느닷없는 이야기라 했다

겨울옷을 여백 없이 껴입은 우물의 적막감에서
노래는 따뜻한 계절에 부르는 마음이라고
다시 웅크리는 수면의 냉담함을 풀어 보라고 너에게 부탁했다
너무 정색해서 무안하기도 했지만
짧기만 한 봄 네 허기 채움도 바쁠 텐데
지난겨울이 너무 추웠으므로
너의 가냘픈 어깨의 온기에 기댔다

꽃들의 이마가 신열에 시달리는 뜨거운 기운이 우뚝 서고 나서야
겨우내 의지했던 난로를 치우는 날 바깥세상은 6월을 달리고 있었다

느닷없이
바람에 달리고 있는 불안한 단어 여름
구조가 시급한 열기로 헉헉하는 육체가 될지도 몰라

느닷없이 온 봄을 느닷없이 보내야 하는 후유증으로
세상의 어젯밤은 유난히 길었고

여름은 계절의 이름으로 봄의 꽃들을 단칼에 잘라 버리지만
계절의 질서를 존중한
떠날 때까지 아름다운 꽃이었던 봄
마음 추운 자들에게 꽃의 위로를 주고 떠난
봄, 외롭게 떠났어도 영광스러웠다
질서 없는 세상에 느닷없이 여름이 오는 것처럼
조급한 계절의 체인지
뜨거운 열기 여름 역시 발목을 잡는 지옥일지 모르지

낮은 공기 함량과 높은 유지방으로
진하고 부드러운 커피 광고 옆으로 여름이 온다
유니크한 옷을 갈아입은 나무들은 푸르고
하늘은 자주 흐려져 여름비를 몰고 오고

느닷없이 오는 여름
지옥이든 사랑이든 한 계절을 견뎌 볼 일이다

기준

기준의 총알에 맞아 본 적 있는 성장하는 시간들이 병원에서 이마 꿰매본 적 있는 나는 구제 불능의 접히지 않는 반음 낮은 목소리 때문에 기준이 서 있는 사람들과 더불어 합창을 부르지 못한다 화음이 맞지 않은 목소리 태어날 때부터 타고난 기준에서 탈락한

내 안의 고집 쎈 당나귀들 완강하다
스스로를 바라볼 눈을 키우지 못했다
기준이란 게 너무 주관적이어서
고집 쎈 사람 기준이 없다 무엇이 기준인지
결국 내가 원하는 것으로 기준으로 세워서
진흙탕에 빠져서 허우적거릴지라도
기준 없는 불완전함으로 언제라도
정밀한 부품이 빠져버린 위험한 자동차도 탈 수 있을 것 같아

어린 시절 기준을 가르치던 선생님
하늘은 하늘색을 칠하고 바다는 바다색을 칠하고
글씨는 정자로 크게 쓰라고 했는데
지금도 그때의 기준을 이해하지 못해 열등생의 손바닥

이 아프다

  지켜야 할 기준이 있다는데 난 아직 찾지 못했다
  설득력 있는 기준도 조금만 긁어 보면 하얀 뼈를 금방 보여 줘
  기준을 세우는 사람들 시퍼런 이성 사포질하는
  세상의 먹구름 위에 더 이상 하늘색이 필요가 없고
  어린 시절의 덧셈 뺄셈은 우등생의 재미없는 벽 같아
  거머쥐고 주관하는 우등생들의
  기준을 지켜내야 기준 있는 세상을 잘 살아 낼 수 있을까

  기준이 세상의 열등생을 만들어 놓고
  두팔 높이 들고 승전가를 부르는 그들의 기념 동상을 보며
  기준의 총알에 맞아 꿰맨 이마가 다시 스멀스멀 아파 온다
  결정적 감전이 없는 한 이대로 죽을 거 같지 않아
  빗나간 열등생의 주먹으로 벽 같은 기준에 덤벼든다
  기준의 사람들이 세운 기념 동상이 위험하다
  예감이 불안하다

그리움이 한 뼘 더 자랐다

그리워 건져 올린 풍경들이 달처럼 때때로 구름 속으로 숨는다면
성냥팔이 소녀의 서러움만 가득할 거야
지나가 버려 그리운 것들 간결한 실루엣으로 희미해져 토루소 같이
무성의한 생명체 같은 텅 빈 허공을 나 혼자 안아
방부제 옷을 입고 그 모습 그대로 내 손을 붙잡고 있는
지구 한 바퀴 돌아도 다시 제자리로 돌아오게 하는 너

요란한 세상을 감춰 줄 너의 서랍이 기꺼이 되어 줄게
바람의 길을 너의 반대편으로 몰아 평온의 하늘을 만들어 줄게
진심과 진심이 맞대면 늘 서로의 태양이 될 줄 알았는데
내가 먼저 너의 얼굴에 비를 뿌리고 젖게 했다

우리의 교집합은 무너져 버렸는데
마른 막대보다 못한 약속에 허락도 없이 움이 돋아
작은 교감들의 잔해들 기어코 봄의 새싹으로 돋아나와
그리움이 한 뼘 더 자랐다
그리움이 서 있는 곳이 분홍색 꽃 마중으로 들썩이고

죽은 줄 알았던 마른 뼈들이 생명을 얻어
빨갛게 물든 얼굴로 그리움의 군대를 몰고 와
알타미라 동굴의 성난 들소처럼 들썩거린다

지키지 못하는 나의 망설임에 너는 자주 마음이 베여
나에게 친절한 웃음을 주지 못했을 것 같아
깍지 낀 가슴이 그리움으로 너를 향해 벌어지고
측량할 수 없는 염려의 협곡이 열릴 때
바람이 네 목소리를 업고 와 급히 마중 나가는
접혀지지 않는 심장이 시려와 너에게 이불 당겨 덮어주는
잠 못 잔 눈이 너의 하늘에서 헤어 나오지 못함은
그리움이 한 뼘 더 자랐다는 것

습관의 탄생

　오랜만에 나온 공원에서 오지랖 씨가 왜 여기 나와 있냐고 묻는다면
　1초의 에너지도 낭비하지 않고 이방인들의 우주를 구경하려고 왔다고 할 것이다
　무너진 흙더미에서 밤새 별을 주워 담는 노동으로 수요일 낮은 피곤 했고
　곡선과 직선이 교차하는 감정의 기복 같은 구불거림으로 뱀이 줄기차게 따라붙어
　육상 선수 100m 달리기를 하는 더운 월요일 밤은 힘이 빠져 기분 나빴고
　꿈 같은, 현실성을 벗어 난 공상이 사방으로 뻗치는 손을 내민다

　오늘은 뜬금없이 노트북에 일어남의 용기라 쓰고 한 문장으로 좁혀지지 않아 난잡한 머릿속 뜬금없이 일어남의 용기라고 쓴 까닭이 궁금해졌다 3.1절 애국 투사도 아니고 대학교 대자보 문구도 아닌 것이 수상하다 에라이 토마토라고 고쳐 써 보자 도대체 뭐야! 웬 토마토! 붉은 열매, 뜨거운 여름, 겁 없이 타올라 가는 줄기, 푸른 열매, 꽃 그래 일어남의 용기보다 덜 난잡하다 가끔 이런 증상, 습관의 탄생

이 나를 당혹스럽게 만든다 오늘의 주제로 글을 써보라는 신의 계시로 여겨 사명감에 불타 머리를 쥐어짜며 억지 문장을 기어코 만들어 놓는 투지력과 적극성이 때론 나를 곤혹스럽게 한다

    그래 이건 신의 계시야 다시 일어남의 용기라 고쳐 쓰고
    뚫어져라 쳐다보다가 쑥대밭에서 벌떡 일어난다
    정제된 해석과 명료한 해명이 필요한
    안 되는 걸 집착하는, 향기 없는 꽃을 그리는 것에서 일어남의 용기
    누가 얼굴을 할퀴듯 번쩍 정신이 든다
    일어남의 용기 그래 염려들 마시라
    언제든 든든하고 경쾌하게 이 말과 동행하고자 한다

Crescendo

점점 절정을 향해가는
푸르고 강렬한 파도의 눈빛은
건너갈 수 없는 깊이로 가슴을 베고 가는 섬광이다

더 깊게 빠지는 옥빛 은폐성이 도사리고 있다
푸른 비명이다 흐느낌이다

*

돌아갈 것을 망설이는 그의 밤
사랑의 흔적들 두툼해진 어둠의 가방에 던져 넣고
어둠 속의 사내 come what may를 부르고 있었다
무슨 일이 있더라도 당신을 사랑할 거라는 고백의 노래
삭제하는 빗금 긋는 바람 속에 서 있었다
파도는 그동안 쌓아 올린 모래성 삶을 허물고
  일어서고 무너지는 사랑을 호명하는 파도의 기록을 사내는 가슴에 새기고 있었다

  바스락거리는 앙상한 가지에 붙어 있던 사내의 마음에
  사랑도 물랭루즈도 더 커진 파도에 무너져 내린 듯

파도에 전복된 노랫소리를 빨간 풍차 등대의 눈빛처럼 사내가 보고 있다

*

바다, 더욱 거세지는 파도에
사틴과 크리스티안의 your song이 메아리치는 물랭루즈가 된다
사내는 더 거세진 파도에 묻혀 버린 텅 빈 벽의 노래를 공허하게 바라본다

그 밤 그의 푸른 비명을 흐느낌으로 더욱 더 세게 껴안는 파도
위로는 위로 줄 사람 찾아가서 제 마음을 붙드는 것
사랑은 다시 밀려올 것 바라지 않고 주는 마음이라고
사내에게 말해줘 하나만 알면 아무것도 모르는 거라고
삶도 사랑도 거세게 왔다 밀려가는 밀당 파도 같다고
젖지만 말고 지금 생의 크레센도를 즐겨보라고
당신의 파도를 모함하는 건 바로 당신이라고
2025년 봄 순간 속에 보이는 삶의 일부분 일뿐

사랑은 잠깐 끼어들다 다시 가버리는 사내의 파도
가슴 베고 가는 푸른 섬광 같은 것

커다란 선그라스

 겉표면이 마른 빵처럼 먹지도 못하고 뱉지도 못하는 내 몫의 삶을 지겨워했다 땅을 디딘 자국들 쌓이고 마디를 맺어가며 보철 끼운 갇힌 마음으로 이륙하다 착륙함을 반복하는 불안의 눈빛을 커다란 선그라스에 구겨 넣고 재미없는 삶의 이름표를 여권에 끼워 넣는다

 어제의 내가 집착증 환자처럼 내 곁에 젖은 낙엽처럼 달라붙어 있다 자유롭게 이륙해야 하는데 내 옆에서 햇빛의 두께만큼 그늘의 두께도 변하지 않는다고 누구나 아는 상식을 종소리 금속음으로 잔소리하고 주관적인 선그라스 세상의 소란스러운 그늘진 잔소리들을 햇볕에 말려둔 채 지폐 한 장 없는 지갑같이 가난한 잠을 청한다

 비우고 돌아오고픈 커다란 선그라스 어두운 먹구름을 지나쳐 가는 은색 날개를 본다 아래에 보이는 한갓 점들 햇볕에 우뚝 솟아 있다 선그라스를 벗고 공평한 빛과 그림자를 담담히 받아들이는 점들을 본다 내 삶이 파스텔 마을을 이루지 못했음도 적막 같은 내 생각 탓이다

 세상의 상식을 곰곰이 생각한다 누군가의 마지막 찬란

한 오늘을 다시 본다 천대한 내 삶이 보여 힘껏 보듬어 안는다 우아한 혹은 뜨거운 세계 헛된 일을 꾸미는 커다란 선그라스를 벗고 애곡된 무성한 풀들 베어 낸다 오늘 벤 풀 위에 내려앉는 내 삶의 그림자를 담담히 쳐다본다 현명한 생각을 하듯 비틀린 생각을 바로잡는 아름다운 방향의 잠재성이 일어선다

페퍼민트

일상이 향기의 놀라움으로 가득할 거라는 말에
페퍼민트 화분을 샀다
살아 있는 향기를 샀다

삶의 페이지마다 독소의 향기로
사람들을 죽이는 짝퉁으로 살고 있는 나에게
ㅡ인간들의 죽음은 짝퉁이다 죽을 게 남아 있지 않다
얼굴 붉힌 찰스 부코스키가 독침을 쏘듯 말한다

짝퉁으로 살고 있는 나는
찰스 부코스키의 말을 깊이 음미해 봐야만 한다
삶이 짝퉁이어서 죽음도 짝퉁이라니
뜬금없는 소문같이 당황스럽지만

*

ㅡ짝퉁은 죽는 것이 아니라 더는 유효하지 않은 시간을 맞을 뿐이라고
　화가 난 천둥 같은 찰스 부코스키 목소리에 경멸이 가득 들어 있다

그 말을 들을 때 왜 얼굴을 찡그렸는지 모르겠지만
그렇잖아도 살아 온 날들을 자책하는 나의 아픈 얼굴을 벼락으로 때렸다
그러는 당신은 거리낌 없이 짝퉁의 삶을 숨긴 구멍들을 자신 있게
원형 경기장 만국기처럼 펄럭이며 공개할 수 있겠느냐고 반박한다

짝퉁의 사람이 짝퉁의 가방을 들고
또 다른 짝퉁을 사려가는 이미테이션 세상
짝퉁이라 해도 이 세상의 관절에 접목되어서 제 갈 길 잘 걸어갈 수 있다면
현실의 주소 짝퉁의 세상에서 짝퉁이어야 살 수 있는
순수 이성의 이율배반*
짝퉁의 비밀을 가진 우리들
점검하고 반성하는 시간을
송두리째 날려버린 것 같은 언짢음이 나를 누르고

짝퉁을 감추기 위해 사 둔 샤넬 향수를 죽음에게 넘겨주고

난 페퍼민트 화분을 가슴에 안고 죽어야 할 것 같다

오늘도 죽음은 의자에 앉아 짝퉁으로 살고 있는 나를 음미하고

난 자꾸 페퍼민트를 만지작거리고

* 칸트의 순수 이성 비판에서

지나가는 계절 같은 것

삶은 지나가는 계절 같은 것이라던
계절에 맞서 싸우면 불행하다던
친구는 독소가 없는 시간 아래 잘 있는지

너의 세상은 오늘도 백합만 피어 있는가
너는 죽음의 얼굴에 명랑하게 조말론 향수를 뿌리곤 했지
늙음과 이름의 깊은 의미와 실랑이 벌릴 이유 없다던 친구를 소환한다
떡잎부터 너는 너그러웠는지

우리는 우리가 보는 것들이 무엇을 숨기고 있는지 보고 싶어 한다
죽음의 뚜껑 씹어대는 부르튼 입술로 나는 온몸으로 앓았다

고통 그 자체보다 고통에 대한 두려움이 더 나쁜 거라고 그대의 마음에게 일러주게*
연금술사의 말에

친구가 견뎠을 고통과 죽음에 대한 두려움을 마주하게 되었다

　지나간 계절의 들끓었던 서러운 열기로
　옷장 속 추억의 남루한 옷마다 조말론 향수의 기억을 심어놓고
　난 식은 음식에 헛젓가락질 같이 죽음에 대하여 질문하고
　사진 속의 너는 너그럽게 웃고만 있다

　계절의 반짝이는 풍경 여름은 다시 시작되고
　네 남은 계절을 마음껏 즐기고 오라던 목소리에
　인생의 의미를 짚어 본다 지나가는 계절 같은 것을
　그리울 때마다 뿌리던 너의 향수 조말론을 뿌리고
　너와 나의 아름다웠던 기억을 만나려 여름 숲을 향해 길을 나선다
　여름의 채에 걸린 옷자란 푸름이 너의 위에서 너울거리고
　노랑나비 한 마리 기웃거린다

＊ 파울로 코엘료-연금술사

못 본 체하기

추운 바람에
하얀 무릎을 드러내고 날아드는 새
염려는 상상이 낳는 어두운 끌림이란 걸
어설픈 감성을 쥐었다 놓았다 하는 풍경들에게도
챙 넓은 모자로도 감추지 못하는 비겁함으로
태양만큼이나 멀리 있는 인류애(愛)란 큰 주제에게도
가을을 붙잡는 손에 대해서도 못 본 체한다

복잡한 굴곡과 소용돌이를 치는 바다는 밤에만 보아야 한다
아름다운 소리만 감상하는 이기적인 세상에도 못 본 체해야 한다

못 본 체가 못 본 체하는 이유를 알기 위해 나를 취재한다
염려는 어두운 마음을 낳고
못 본 체를 소유한 마음을 방패막의 유산들이 시시때때로 짓누를지라도
비난하고 불만투성이인 남의 사연
너무 흐르는 이야기가 싫어 못 본 체하는 거라고
많은 시간의 과정을 거친 고정관념을 교란시키지 않는

방법이라고
  가파르게 거창하게 비굴한 자 변명이 길다

  운명을 쥔 신도 못 본 체하는 세상에
  깊은 감정을 주고받는 관계의 사람들도 서로 못 본 체하는
  염려하는 이 넓은 오지랖으로 세상을 다 덮지도 못하고
  마음만 다쳐

  기대를 뛰어넘는 염려를 꺼버리듯
  전략적인 전쟁을 꺼버리고
  굶주린 사람을 꺼버리고
  악마 같은 살인을 꺼버리고
  소란스러운 뉴스를 꺼버리고

  못 본 체하는 내 비밀은 높은 빙벽으로 어두웠다
  밤이면 목이 말라 물을 깊게 마셨다
  못 본 체로 당신들의 삶이 보이지 않아 내 삶이 보인다

제4부 이곳의 주인은 창문

비상식량

　벽은 두드려 보았니 무관심이 여리고성 같니 주기도문을 외우고 자라고 했잖니 밤의 순례길 어둠의 형식을 빌려 여러 가지 형상의 기억을 퍼 올리고 있다 아무도 모르게 지는 꽃들을 지키는 별처럼 아버지 찾아 오셨다

　추운 밤 북극곰이 방향 상실로 잘못 찾아들고 사막의 여우가 외로운 밤 와인 한잔 같이하자고 찾아왔다 약육강식의 고리가 그들과 앉아 있는 시간을 노려보고 우리의 교활한 웃음으로 밤이 먹구름으로 가득하다 어둠을 노크하는 키 큰 나무 그림자에도 놀라는 불안한 밤 한정판매 같은 평안이 없는 밤 백 마리의 양을 제물로 바쳤는데도 어두움의 흰 손가락이 아름다운 에덴동산에 검은 선을 긋는다 장화를 신고 서로의 징검다리를 협상해야 하나 공상 때문에 더욱 잠은 달아나고 불면으로 푸석거리는 서랍 속, 긴 장마의 습기에 곰팡이 핀 봄의 씨앗들을 쓰레기통에 버리려다 나를 포기 하듯 봄을 포기하는 것 같아 다시 주워 올리고

　위기를 감지하는 아버지의 안테나로 깊은 잠을 붙잡아 주시던 아버지 그리움도 길면 슬픔이 되는 거란다 긴 집중은 몸을 상하게 하고 팥빵 먹고 어서 자거라 아버지 긴 염려로

잔소리처럼 토닥거린다 아버지의 팥빵은 내 기근의 비상식량 끝없는 검은 터널 같은 밤이 큰 나무 밑 작은 새싹처럼 초록으로 넘어간다 신뢰의 아버지 녹슨 칼로 괴물을 지키고 난 그리운 팥빵을 베어 물고 주기도문을 외우고

이미지의 배반

아침 구름의 양으로는 비가 올 확률이 높을 것 같은데
이미지의 배반
오후의 가지 끝에 달린 뜨거운 여름 햇살에
발을 데인 새들 화들짝 날아오른다

나무들은 여름이라는 명패를 이마마다 매달고
풍경 어디를 봐도 달아오른 것만 있어
그늘도 되지 못하는 것들이 더 뜨겁다고 쉽게 말한 적 있었지

비 오는 여름 동네로 이사 가는 뜨거운 트럭이 지나가고
공원 스프링 쿨러 안에서 초록 아이들은 여름을 찾고
샤프란 섬유 유연제로 세탁해도 마른 먼지 냄새는 지우지 못한다
산들의 푸른 워커 신발들이 먼지 쌓인 여행 가방 속으로 들어가
여름 동네로 떠난다는 헛소문이 돌고
뜨거운 햇살은 제 살 태우는지도 모르고 창문에 붙은 바람을 몰아낸다

가열된 기계같이 아직 해는 눈이 빨갛다
　최단의 그늘 지름길을 찾지 못한 시들은 잎사귀들 그늘처럼 떨어지고
　가상과 비가상을 허물 듯 이미지의 배반
　마른 화분 만져지지 않는 빗속에 내어놓고 하늘을 쳐다보는 할머니
　뜨거운 것들로 펄펄 끓는 고립된 사람들 재난구호품 같은 바람 앞에 모이고
　땅들의 뜨거움에 데인 구름 새 떼처럼 바다 위로 도망가 버렸다
　어긋난 기대처럼 우리의 바람은 그렇게 소멸하고 말았다

　비의 순간을 박제하고 멀어져가는 이미지를 불러 세우고
　뜨거운 문을 닫고 여름문을 연다
　이미지의 건너편에는 비가 내리고
　뜨거운 것들이 푸른 숲으로 들어간다
　구름 위로 수만 개의 우산들이 무지개처럼 떠 오르고
　허공으로 비행하는 뜨거운 트럭
　지붕 위로 비가 쏟아지듯 내리는 시들은 잎사귀들

빨갛게 익은 토마토 소름 돋는 섬세함으로 바람 향기 나는 쪽으로 목을 길게 뺀다

잽싸게 장면을 낚아챈 기상 캐스터 비 올 확률 95%라고 예고하고

이미지의 배반

비는 오지 않았다

잊혀진 것들이

오늘은 꽃들이 담장을 넘어와 창문들이 난처하지 않으면 좋겠다
잊혀져야 하는 것들이 잠금장치도 없이 자주 들썩이는 것도 문제다

작년의 벚꽃잎 색깔과 바람의 속도를 잊은 지 오래
세월의 가늘고 긴 팔의 뒷담화같이
활자가 벌어지는 노트북처럼
뜨거운 말을 잃어버린 어른들같이
돌아본 기억의 장면들이 쏟아져 버린 물처럼 부정적이다

낮잠 자다 무엇에 놀라 벌떡 일어나듯이, 갑자기, 문득, 불현듯이
아주 다른 경험같이 잊혀진 것들이 궁금해졌다
꼬리가 긴 암갈색 향기 벌렁거리는 후각으로
6월이 남긴 이파리들이 떠나온 여행길들을 수배한다
주머니 속에 박혀 있던 잃어버린 알사탕 같은 것
깊숙하게 박혀 있던 달콤한 주제 같은 것
이미 잊혀진 꽃잎을 낚아 올리듯
활발하게 오르내리는 길의 봄을 수색한다

*

  골프를 칠 때 목표만 쳐다보면 미스샷이 나고
  공만 똑바로 보고 쳐야 공이 똑바로 날아간다고
  코치, 공으로 내 머리를 칠 듯 소리치고
  무진장 기분이 나빠 코치를 노려보고

  내 시절이 보관된 아카이브 백과사전에 미스샷 공들이 박힌다
  공만 쳐다봐야 하는데 주변 풍경을 자주 힐끔거리고
  꽃잎은 아직도 아름다워 창문을 두드리고
  오래 잊은 단어를 수색하듯 백과사전을 뒤적이고
  아직도 난 자주 풍경을 힐끔거리고
  아직도 아직은, 미련을 껴안고 있는 단어를 자주 힐끔거리고

  잊혀지지 않는 것들 미스 샷 공들처럼 기억의 코치에게 걸렸다
  생각의 꼭대기에 앉은 작년의 벚꽃잎들 슬며시 쓰다듬

어 주고
　　창문의 잠금장치를 풀 듯
　　백과사전 깊숙한 페이지에서 박혀있던 기억을 소환한다

　　잊혀져야 할 것보다 소환해서
　　즐거운 기억들이 더 많은 난 아직 살아 있다는 증거

No No No

　세상의 친절한 금자씨들 나를 엿본다
　빵 덩어리에 몰려든 개미 떼같이 알찬 열린 마당을 원하지만 제공할 게 없다

　그들 폭풍우 치는 밤 히스클리프를 만나러 간다는 모함을 한다 해도 상관없음 난 폭풍 치던 밤 긴 스카프로 얼굴을 가리고 바람을 잡으려 총을 메고 시속 200km로 자유로를 달려간 적 있거든

　그래 난 늘 바람 거센 드라마틱한 사랑의 시나리오를 쓰길 원해 메디슨 카운티의 다리 영화 같은 사랑 꿈꾼 적이 있었지 킨케이드와 프란체스카 존슨의 나흘 간의 사랑 식어가는 대사들이 불길에 타 죽길 얼마나 바랬는지 미치도록 사랑한 카미유 클로델처럼 극적인 바네사 메이의 미친 바이올린 소리처럼 그러다 폭풍우 치는 밤 벼락 맞아 찢긴 가지처럼 쓰러지는 것이 꿈이 아니길 빌어

　나는 바람에도 베여 보았고 아름다운 라피스 라졸리의 푸름에도 목 졸여 보았고 영화가 해피엔딩으로 끝나 억울해 울기도 했어 밤비 오는 홍콩 거리를 미치도록 껴안아도 보

앉지 어느 날 유리알 위태한 나의 삶이 보였어 그날 내 연민의 심장을 꺼내 지중해 검푸른 파도에 날려버린 뒤 난 메두사의 냉정함을 얻기도 했지 뭐라고 해도 상관 없어 이미 면역성을 키워 났거든

  NO NO NO
  가슴 뛰게 하는 트랜드에 그대들은 들어올 수 없어
  관심 없는 이미지 같은 것들
  새로운 너를 입어 보고자 오래 고민하고 싶지 않아
  쏟아지는 저 분주한 거리의 약속들도 관여하고 싶지 않아
  용감한 척하는 영웅의 죽음의 영화를 보면서 방관자의 시선을 키웠어

  NO NO NO
  제발 총을 쏘지 말아줘 이미 많은 피를 흘렸어

  NO NO NO
  이상기류를 형성하는 온난화 같이
  수상한 난 자주 혼자의 섬으로 여행을 가
  이미지가 사물을 잡아먹는 그림자의 시간을 즐기고 있어

난 분열을 조장하진 않아

친절한 금자씨들 친한 척하며 관계를 엿보는
난 그대들에게 내어 줄 공간이 없어

서른 살, 서른 개의 순간

깊이 착지하지 못하는 불순不順이
하늘로 역전시키기만 했던 불손不遜으로
한 괄호 속에 묶인 체
그 시간들의 검은 심장을 찢으며
신음 소리 꿈틀거리는 천 개의 손 뻗어나가 혼란을 붙들고 있었어

스크린 도어에 갇힌 장갑 속 답답한 손가락들같이
괜찮아, 괜찮아질 거야
스스로 위로하는 지렁이 같은 세월을 보냈어
어둡기만 한 차가운 임대 창고의 버려진 의자처럼
아무도 기억하지 않는 매장굴의 무성의한 세월이었다

위기의 장갑들이 불행한 무덤을 만들고
죽을 만큼의 체념에 뿌리가 뻗치고
불손과 불순의
경계를 넘어 스스로를 허무는 용기로 몸부림을 멈추기로 했어

더욱 넓어지는 불손의 가지들 불행의 고리 쳐내고

묵묵히 말을 삼킬 때

밖에선 꽃이 피었다

서둘러 나비들은 날개를 준비하고

무수한 지옥의 벼락을 맞아도 견딘 무수한 서른 개의 위기의 순간들
죽지 않고 서른 개의 나이테로 남은 것은
심장을 가르는 칼날 끝의 붉은 내 핏자국임을 잊진 마시길

서른 살, 서른 개의 순간을
겁주고 벌줘서 새로운 세상을 만들지 못해
그것은 지옥이라 부르지
장난질 같은 교훈은 필요 없다
꽃이 되고 싶은 마음 슬그머니 버릴 수 있는 것은
최선을 다해 방황해 본 자만의 단단해진 마음일 것이다
서른 살, 서른 개의 순간들을 견딘
나무 날개마다 푸른 이파리 맑다

그대들이여
내가 죽어 뿌리가 된 것을
당연이란 말로 작업한 결과물이라 하지 마시라

화려한 커튼

무계획성으로
지금까지 유효한 펄럭이는 세월을 만들 수 있다는 광고 같은
너의 마음에 구매를 눌렀지만
카튼 밑으로 슬퍼 보이는 그대의 발가락들이 보였소

완벽한 표본이 없는 삶의 궁금증을 붙들고 가는 머리를 집어넣으라고 할까
그대의 마음에 흘려보내지 못하는 돌들이 우뚝 서고
감추고 있는 얼굴 위로 슬픔이 잠자는 거인의 콩나무처럼 자라나고 있군요

화려한 커튼 뒤로 그대를 감추지 마시오
손바닥으로 쓰다듬어 하늘을 재지 못하듯
접시저울로 산들을 달아 보지 못하듯
햇살도 그대의 삶 전부를 밝힐 수 없소
겹겹이 입은 삶의 무거운 주제의 물결에 그대를 앉히지 말고 흘러가시길

화려한 커튼으로 감금한 그대

아직 우린 씩씩한 두 다리의 당당함으로 사막을 횡단할 수 있고
생경한 이름들을 또박또박 호명하는 기억도 있는데
왜 우리의 되돌아오지 않을 의미 있는 시간들을 흘려만 보내고 있는지
통의 한 방울의 물처럼 그대를 얇은 대상으로 삼지 마시길

불루라델로처럼 붉은 천 물레타(muleta)로 성난 소들을 기다리지도 마시오
당신의 계획을 위해 24시간 동안 암흑의 방에서 있다 나온 소들
그대의 쇼를 위해 죽일 순 없을 것이오

-뜨거운 햇살이 나의 감은 눈을 깨워 나 이제야 여기까지 오게 된 거야*
바다와 사투를 벌인 선배 노인이 눈을 감고 각오를 회피했다면

삶이 뜨거운 햇살에 밀랍처럼 녹아 소멸된다면
고요한 미래가 없이 펄럭여야 한다면
그동안 삶의 파도와 싸움이 허사가 되겠지요

화려한 커튼 흔들리는 일부분으로 우리를 시험하지 말게
뜨거운 햇살에 눈을 크게 뜨고 보면 우리도 꽤 괜찮은 사람일지 몰라
누구에게나 커튼 뒤로 숨고 싶은 부끄러운 삶의 티끌 하나 있지 않소
폿대 없는 이정표의 예각으로만 도는 고단함으로 회피하지 마시오
햇살에 잎사귀 마른다고 죽는 건 아니오 뿌리만 살아 있다면
화려한 커튼을 젖혀내고 못난 그대를 똑바로 쳐다볼 필요가 있소
마음의 뿌리는 지켜야지요

* 헤밍웨이, 『노인과 바다』 중에서

그러나

불쑥 솟아오른 활기참이 별책 부록에 들어가 알록달록 화보로 꿈틀거린다 단발머리 나풀거리는 소녀의 자전거는 화보 여기저기를 달린다

화보 속 그랜드 부다페스타 호텔의 핑크색 상자 안의 디저트를 먹으며 벽을 허물고 마음을 허물고

안톤 체호프의 세 자매도 디저트를 먹으며 웃고 있다 품고 있는 마음을 감추고 세상의 상호교환의 정보는 내 삶의 어느 부분에도 끼워넣기 싫은

새털 같은 세월의 화장실을 같이 쓰고 밥을 나누지만 공유할 수 없는 동그라미 속 개미들 같은 우리 각자 개성의 심장을 지울 순 없어

그러나 내 몸이 숨쉬기를 원하는 그날 난 그들의 웃음을 훔친다

*

　난 파타야 해변에서 우울했고 낙하하는 저녁노을에 초승달 뜨는 날 내 손톱을 떠올렸다는 네 생각을 문득 하며 우리 관계를 생각하고 관계란 패턴 팬츠처럼 과하지 않고 무심하게 입을 것이라는 패션 피플의 말이 떠올라 하룻밤의 기회를 노리는 파타야 소녀들의 웃음의 의미를 죽을 때까지 생각하지 않기로 한다

　헛된 웃음 짓는 해변의 밤은 더욱 아름다웠고 가로등 밑 파타야 소녀들의 웃음을 훔쳐 보았어 오래 머물다 사라지는 음악처럼 감동적이지 않은 우린 언짢은 이방인 같아

　같은 세월의 밤 같은 시간을 보내고 있는 사물의 정지된 심장으로 서로 바라보는 객석의 시선은 차가웠어

　그러나 먼 훗날 그리워할 파타야의 밤을 따뜻한 화보 속에 넣는다 독 같은 삶을 품은 밤의 해당화들 더욱 붉은 밤을 지나고 무심한 관계를 다짐하는 부드러운 바람을 쉽게 뱉지도 못하고

메이즈 러너(maze runner)

 지옥으로부터 빠져나갈 탈출구를 찾는 펄럭이는 깃발의 푸른 기운을 열렬히 맹신하는 톱스타의 팬의 모습으로 평온했던 어제의 우리를 이끌어 생존의 게임 너의 곁에 서게 했다

 주인공들 기억 삭제되었지만 무의식 속의 의지는 푸른 화살 같아 삶은 굳은 의지가 필요해 주저앉아 변화가 생길 때마다 변함은 우정에 대한 배신이라 우리는 생각하며 살아 움직이는 미로를, 탈출을 우정으로 영화의 스토리를 풀어 나갔다 편집되지 않은 햇살 난잡한 에너지로 매일 밤 살아 움직이는 미로를 만들고 정체를 알 수 없는 죽음의 존재와 대립각을 각인시켜 우리는 긴장의 축축해진 손으로 죽음의 단단한 딱지를 담담히 쓰다듬을 수 없었다

*

메이즈 러너
관객들의 뜨거운 호흡에도 미로의 출구가 반응하지 않아 믿지 못할 이야기를 광적으로 만들어 내는 돈키호테처럼 미로의 탈출을 여름 빙수처럼 즐길 수만 있다면

세르반테스에게 푸른 바다에서 즐기는 여름을 넣은 소설을 부탁할 텐데

　미로는 고요의 침묵을 닮았어 삶의 열망으로 미로의 문을 통과해야 해 기사로서의 의무만 생각하라고 묘사했다고 작가에게 시비를 걸 것 같은 돈키호테처럼 죽을 힘을 다해야 생존의 문을 열 수 있는 지독한 장면에게 우린 시비를 걸고 죽음의 시선을 가위로 잘라내고 싶어했다 우리는 온화한 기사의 품격으로 평화롭게도 담담히 죽음에게 시들은 채 어깨를 떨굴 수 없다고 아우성치며 부정의 한숨을 쉬었다

　주인공은 항상 살아남는 것이 영화지만 죽음의 공포가 삼킬 듯 가까이 올수록 생존의 열망의 잎사귀를 우리는 맹렬히 피워 내고 있었다 살고자 하는 지독한 눈빛으로 지옥의 그물망을 찢는 자만이 살아남을 수 있는 게임 같은 영화 살기 위해선 뛰어야 한다 괴물 그리버들이 우리를 죽음의 골짜기로 몰아넣기 위해 빛의 속도로 달려오고 있다 우리는 주인공들 생존의 열망이 죽음보다 더 무서워 소리를 지르고 뻗어나가는 절망의 이파리마다 뜨거운 삶의 열망을 달고 있음에 서로 감격하며 우린 하나가 되어 그들을 응원했다

삶을 향한 거대한 미로 혹은 죽음을 향한 대결 결국은 메이즈도 없고 러너도 없는 혼자만의 경주 살기 위해선 뛰어야 한다 죽기 살기로 주인공들도 뛰고 우리도 뛰고 달리기는 늘 꼴등인 나도 죽기 살기로 옆에 사람의 머리를 잡아 뜯으며 뛰는 체육 시간이었다

웨스볼 감독이 관객을 노린 영화에 우리 모두 놀아나고 있었다

찰나

붉은 심장 붉은 꽃잎으로 사랑의 깃발 같은
여름 한쪽 끝에서 달려오는 그대 아름다운 로자리아
영원할 것 같은
그대의 마음을 얻으려고 곁에 머무는 마음을 외면하는군요
떠오르는 햇살의 불후로 노래 불러도 문이 열리지 않네요
마음의 끈 묶이는 소리 들릴 때마다
유난히 당신의 마음과 자주 부딪치고
상처는 내 몫으로 남는군요
곁을 닫아두는 모난 구석으로 가시들이 자라나
일산이나 종로에서도 가시에 찔리는 사람들이 생겨나고
주의 황색 안전 문자를 보느라 건널목의 흐름을 방해하고 맙니다
밤이 낮보다 아름다운 것은 그대의 가시를 보지 못함입니다
온전히 마음 바치는. 그대의 날카로운 가시에 상처 입은 나를
아픔을 견디는 것은 제 몫이라고 가볍게 말하지 말아 주세요
기어코 견뎌야만 하는 마음을 한곳으로 모으고 있을 뿐

입니다

    그대 곁에서 낡아도 매일 입는 편한 옷처럼 아픔을 일상처럼 입습니다

    찰나의 시간은 누구에나 오나 봅니다
    오늘은 그대의 슬픔을 봅니다
    고개 숙인 아가의* 정원을 여는 그대
    피 흘리는 그대 나의 사랑을 덮으며 붉은 심장 떨어집니다
    이제야 당신 온전히 나의 꽃이 되었습니다
    영원하지 않을 아름다움으로 그리도 모질게 살았습니까
    찰나의 교훈을 두고 떠난 당신의 자리에 남은
    질긴 슬픔의 냄새만 기억합니다
    가시 돋은 삶의 냄새만 기억합니다
    너무 아름다워 위태했던 그대도 누런 잎으로 시들어 버렸습니다
    가시 품었던 빛나는 살색의 생명력도 모두 헛것이 되었습니다

    * 성경 아가서

헬로, 원드랜드

부드럽고 사랑스러운 핑크의 감정으로
찌푸린 마음을 지우고 깊은 바다를 심고 돌고래를 타려고 해요
푸른 향기 푸른 꽃들이 가득한 바다 밑으로 가요
굶주린 배는 감추고 즐거운 얼굴로 가요
붉은 실크 드레스 입은 물고기들의 왈츠도 구경해야 해요

만나와 메추라기의 하루가 상해 버리기 전에 와야 한다고 했지만
피노키오처럼 거짓말을 하려고 해요
돌고래와 눈을 맞추고 내 긴 이야기를 들려줘야 하거든요

*

헬로, 원드랜드
천국의 아름다운 소리 오르골 황금마차를 타고 가는 천사를 봐요
번지는 행복의 풍선이 아이들의 얼굴에서 내 얼굴로 날아 오는군요
멋진 곰돌이 아저씨 여우 언니가 솜사탕을 다정하게 주

고요

   일곱 난장이들은 서로 먼저 받겠다고 아우성을 쳐 창피했답니다

   나는 물풀 여객표를 끊어야 해요
   슬픈 인어공주 난 당신을 만나야 하니까요
   열 손가락에 낀 반지 중 하나를 당신에게 주려 해요
   반지의 대왕이 나타나 당신을 도울 수 있도록
   다른 온도의 사랑 닿을 수 없어 새의 날개처럼 파닥거렸잖아요
   슬픈 향기로 서로 그리워했잖아요
   잘린 지느러미 푸덕이는 당신의 슬픔이 내 슬픔입니다

   솟구치는 물풀들이 나를 뚫고 나오려 해요
   스쳐가는 순간의 찬란한 지혜로 우린 죽음에 긴장해야 해요
   돌고래들이 웃으며 재롱을 부립니다 위로의 마음을 읽었어요
   기회가 되면 바다로 가고 싶었겠지요 그 그리움을 느꼈어요

슬픔이 유별나도 이해하는 엄마에게로 가고 싶었겠지요

헬로, 원드랜드 이제 우리는 집으로 가야 해요
앨리스와 토끼는 벌써 앞자리에 앉아 있네요
우울의 덫에 걸리게 하는 집으로 가지 않을래요
내 슬픈 무게를 같이 지고 가는 다정한 일곱 난장이 집으로 갈 거예요
난 그래도 용서하는 마음을 잃지 않겠어요
기억해 줘요 난 백설공주예요

노른자위 테라코타

짠맛 단맛의 리스 초코렛은 탁자 위에 늘 있지 않다
 집중하는 이목들이 노른자위를 모두 주목하고 있기 때문이다

넓은 기름진 땅의 대궐 내 속에 짓고
어설프게 물들이는 기대의 눈 반짝여 보지만
노른자위는 내 것이 아니다

*

옛날의 사나운 인연의 사자와 기린 놀이터 노른자 위 테라코타로 서 있다
 노른자위 테라코타 사자와 기린 주목받고 있다
 밤마다 사자의 이빨은 점점 사나워지고
 할아버지 원수 사자를 향한 증오의 눈빛 깊어지는 기린
 노른자위는 약육강식의 휴전 없는 전쟁터

부러지지 못한 본성을 제각각 감추고 노른자위 방에 동거한다 사자는 기린을 연주하고 기린은 사자를 안은, 증오의 밑그림을 감추고 노른자위 평화로 서 있다 노른자위 독식을

꿈꾸는 사자, 기린의 목덜미를 밤마다 물어뜯고 엄마들은
망가진 기린으로 아이들의 안전을 염려하고

*

   고양이 한 마리 사자의 콧수염을 당긴다
   기린이 몰래 웃는다
   놀이터의 활화산은 돌발적인 행동의 금지선을 지키고 있
다
   어린이 놀이터에 어른들의 실수로 약육강식의 발톱을 숨
겨 두었다

   엇갈린 인연을 억지로 맺은 이웃
   현실과 닿아있는 과거부터의 관계에서 스스로 외롭다
   사자와 기린 노른자위 약육강식 주목받고 있다

   우리의 약육강식을 답습하는 세상의 놀이터 삐걱이는
   여행 가방에 앉아 담배 피우는 아티의 머릿속을 스치는

빈 공터에 혼자 삐걱이는 시소의 쇳소리*
노른자위 테라코타 세월의 비바람에 조금씩 금이 가는
관계에서 외로운
우리도 아티처럼 혼자 삐걱이는 시소 소리 듣고 있다

* 엘시모너리의 장면

이곳의 주인은 창문

이곳의 주인은 창문입니다
모두가 떠나버린 동네를 지키고 있습니다
믿고 의지했음을 세상 그대들에게 고백하지 않고
나침반이 없어도 밝은 곳을 보려 해요

바람은 꽃처럼 환하게 롤러코스터를 타요
수직으로 뻗은 손이 아득한 즐거움의 줄을 잡아당겨요
문득문득 기억나는 그대
심각하게 그대를 생각해요
언제부턴가
더욱 화려해진 세상의 동네에 당신은 숨어 버렸어요
당신이 오시길
빛나는 별을 머리에 꽂고 가슴엔 푸른 종을 달고 기다립니다
그대여
긴급하게 정리된 낯설은 공간은
그대 두리번거리지 말고 무심히 스쳐 지나서
아침의 고요에 이르십시오

아직은 맑은 유리알 내 얼굴에 별빛이 가득한 시간입니다

*

내 얼굴에 무단 입주한 거미 나비를 기다리고 있네요
들을 귀 없는 나비 팔랑거리는 날개를 자랑합니다
햇빛 속 거미줄은 유언비어 꽃송이처럼 아름답습니다

나는 거미에게 낯설은 공간으로 미혹하지 말고 당장 나가라고
이곳의 주인은 창문인 나라고
도둑 같은 너희를 지켜주는 방패막이 아니라고
별빛 핀과 푸른 종을 가리지 말고 나가라고
그러나 나는 말할 입이 없습니다

그대 나비로 오시지 마십시오
건초더미 향긋한 냄새에 길을 묻지 마십시오
그냥 날아가십시오

먼지 없애기

　새 모이통엔 개미들이 먼지 뒤집어 쓴 낡음의 소식을 뒤지고
　생계를 얹어가는 발걸음이 바쁘다
　덧칠하는 세월의 행간마다 수수께끼는
　먼지처럼 숨어 우리의 오류의 소식을 기다린다
　억만년의 시간을 덮는 먼지 같은 세월이 쌓인다

　짙어지는 감정들이 교차하는 시간 서로를 용납하지 못하고
　의미를 찾는 영악한 메두사의 머리를 드러내
　서로 부축해주는 미담은 먼지가 끼어 소문이 되지 못하고
　머리 풀어 헤친 망초의 시간조차 절약하지 못함이 어리석다

　본문의 진지함도 없이 서술형으로 끝나 버리는 시간들 속에
　쌓인 먼지같이
　내일과 내일의 미래를 믿지 못하는 불안의 곰팡이 싹트는 시간

-나는 햇빛이 비치지 않을 때에도 태양을 믿는다
사랑을 느낄 수 없을 때에도 사랑을 믿는다
홀로코스트 무명 작가가 어두운 내 어깨를 토닥인다

거칠어진 마음이 따뜻해진다

*

육체의 가시가 많던 친구가 가시를 털고 자유롭게 날아갔다
   내 생애 슬픈 먼지로 쌓여 난 자주 우울했고

가시 돋친 날들의 먼지가 무심히 날리고

그 밤을 닫아 잠그고 긴 어둠을 닦아 냈다

오늘을 살아 내기 위해 쌓인 것들을 털어 내야 한다고 나에게 주문한다

불티야

슬픔이 전염된 곳에선 불꽃을 피울 수가 없어
번지는 슬픔을 구할 수 없는 우울한 연기만 피어올라

뜨거운 힘으로 날아오르던 불티는
다른 계절을 익사시키고 장미로 부활하고 싶어 한다

감정의 빈틈을 메우고 접촉 부분을 공유할 수 없음도
세계의 외로운 문장을 책임질 수 없음도
스스로 무너지는 불티 때문이다
정갈한 믿음의 불씨가 오염된 어둠에서
연둣빛 나약함을 미온수로 닦아 보아도
무너짐의 원인을 알지 못하는 누구도 답을 처방하지 못한다

불티 날리며 붉은 장미는 흥건히 피 흘리며 사라지고
사라졌다 다시 떠오른 4월 그리움의 달
아버지 밤마다 창문을 두들기고
그러나 긍정적 가능성은 불꽃이 되지 못한다
우리 애증의 관계는 태초에 예약되어
살아생전 사랑을 전하지 못했는데

4월은 후회의 계절
언제쯤 회복될 것인지 예언하지 마시길

과거 위의 과거에서 아버지가 불티처럼 날린다
다시 만날 기약 없이 부녀의 연대는 끊어졌다
끝내 불꽃이 되지 못한 서로의 징검다리는 끊어졌다

사라진 불티 뒤에 둥근 달은
태워 버릴 소란스러움을 재우느라 온 힘을 탕진했다
사는 순간의 행간에 끼인 즉흥적인 퍼포먼스 장미의 불티
피어오르는 갈증의 불티 꽃잎처럼 떨어지고

불티는 하늘로 헤엄치다 땅으로 곤두박질친다
삶은 잠시 타다 사라지는 불티의 소묘素描

우편배달원 생텍쥐페리

우편배달 비행기 아래
점점이 이어진 집들 위로 검은 버섯구름 장미를 덮었다
생텍쥐페리 얼굴 베고 가는 불안에 물든다

두려움 없이 진실을 향해가는 도로는 이미 사라졌고
작은 번개에 놀란 불안의 바퀴들 쏟아진다
검은 먹구름 하늘이 휘청인다
우린 태연히 많은 풍경을 넘어갈 수 있을까
생텍쥐페리 마음에 근심의 재가 쌓인다

  나의 장미꽃은 나에게 오직 하나뿐이다 그리고 내가 지켜내야 한다 *
  결의의 의지가 침식된다
  세상의 얼굴은 지난 폭풍우와 폭설 끝에 무슨 일이 있었느냐는 듯 천연덕스럽고

  세상은 먹구름 간절히 숨 쉬고 싶을 뿐인데 내가 노략당하는 기분은 왤까

난 다시 시작할 수 있을까 생텍쥐페리가 나에게 묻는다

따스한 웃음으로 누군가의 은혜가 되었던
다정했던 너는 자주 늦도록 돌아오지 않고
나는 별들을 하늘에 걸어두고 사막의 너를 부른다

내 마음속에 네가 살아 있어 그래서 나는 외로워하지 않아*
꿈속 생텍쥐페리가 왠지 과거형으로 말하는 것 같아
내 마음에도 근심의 재가 쌓인다

우린 서로 힘들게 견디며 그리움으로 세상의 풍경을 넘긴다
또 한 계절을 그으며 지나가는 비행기 소리 들린다
새벽이슬이 마르도록 당신은 끝내 배달되지 않았다

내가 당신의 눈에 비치는 것은 그저 나의 그림자일 뿐인데*

당신이 나를 기억해 줘서 고맙습니다
 생텍쥐페리 어린 왕자와 함께 인사를 우편물처럼 건네 주고 간다

* 어린 왕자에 나오는 대사

해 설

"오, 거짓말쟁이 피노키오"

김재홍(시인, 문학평론가)

　세계를 표현하는 시적 언어는 반복을 거부한다. 단 한 번 나타났다 사라지는 불꽃 같은 명과 멸을 희망한다. 시인들은 시시각각 엄습하는 반복의 유혹에 저항하고 싸우면서 때로 절망하며, 때로 환희에 넘치는 순간을 맞이하기도 한다. 시인들은 통념의 세계 속에 살면서 그것을 넘어서려 분투하는 사람이다. 그 분투의 정점에 언어가 있다.
　이것은 역설이다. 정보 전달과 소통의 체계인 언어에 본성적 지시성이 있음을 잘 알면서도 시인들은 그것을 거부하면서 새로운 의미를 창출하려 한다. 그런데 그 '새로운 의미' 또한 지시적일 수밖에 없다. 시도 역시 완벽히 고립된 체계가 아니라 독자와의 소통을 전제로 하기 때문이다. 지시성을 거부하면서도 '새로운 지시성'을 촉구하는 데 시적 언어의 이중적 역설이 있다. 시는 거부하면서 창조하는 예술이다.

  이것이 시어의 마력이다. 시적 언어는 반복되지 않으면서 반복한다. 좋은 시는 가장 낯익은 데서 가장 낯선 표정을 발견하는 시적 언어에 의해 구축된다. 그러므로 시인들이 갈망하는 '단 한 편'은 이중적 역설의 구조에 가로놓인 언어의 바다에서 '가장 낯선 표정'을 찾아내느냐 못 찾아내느냐에 달려 있다고 할 수 있다. 그리고 그것은 시인들이 운명적으로 마주하게 되는 고통의 근원이다. 통념 속에 새로운 통념을 부여하는 일은 아무에게나 허락되지 않는 것이다.

  모금주의 신작 시집 『리듬 타는 피노키오』에는 통념을 거부하는 지난한 싸움과 '가장 낯선 표정'을 읽어내려는 고투가 번뜩인다. 표제작에서부터 각 부의 제목으로 뽑은 개별 작품은 물론이고 거의 전편에 걸쳐 그러한 고투의 표정이 역력하다. 다루고 있는 대상마다 기존의 언어를 회피하면서, 그 '하나의 대상'에 '하나의 명사'를 부여하려는 노력으로 가득하다. 모금주는 거부하면서 창조해야 하는 자신의 운명에 충실한 시인이다.

죽음에 대하여 '공손하게' 질문하지 말자

  어떤 비극도 사랑에서 온다. 인간은 사랑으로 인하여 고통을 자각하고, 사랑 때문에 생의 욕동을 이어간다. 고통과

생의 욕동이라는 모순적 가치가 사랑을 통해 하나로 드러나기 때문에 우리는 이 세계의 삶을 비극이라고 느끼면서도 견딜 수 있는 것인지 모른다. 비극은 사랑의 결과이고, 사랑은 삶의 근거이다. 속세간을 살아가는 인간은 날마다 이를 경험하며, 그것으로써 생의 비극적 보편성을 확인한다.

그러므로 "상처받지 않은 영혼이 어디 있으랴"(랭보, 1854~1891)와 같은 서정적 울림이 오래도록 인간의 생활 터전을 떠나지 못하는 것이다. 나아가 "죽음에 대하여 공손하게 질문하지 말자"는 시행은 어떻게 할 것인가. 이는 사랑에 대한 열렬한 찬가이자, 비극에 대한 맹렬한 저항의 시편인 「줄리엣의 푸른 장미」에 보이는 모금주 득의의 표현이다.

> 눅눅한 문을 열어젖히는 5월은
> 갓 구운 바게트 냄새 나는 햇살과
> 카푸치노보다 그윽한 공기를
> 사랑하는 친구를 위해 내어줬다
>
>   *
>
> 펼쳐진 페이지에 푸른 장미의 심장을 포개고
> 진부한 오해로 마음 깊이 앉기 전
> 붉은 눈물 산란하며 죽어야 했던 사랑의 종말 바람꽃처럼 날려가야 하는데

많은 계절을 건너온 모든 사람들의 사랑은 붉었는데
불안을 파종하는 파란 장미 덩굴에 휘감겨 우린 자주 창백해졌다

*

나는 너를 견디고 너는 나를 견디고
사랑이란 외로운 말에 가둔 채
아름다운 삶이 있어야 죽음이 두렵지 않는 것이라는
정형화된 독후감을 무수한 밤에 옮겨 적었다
오늘도 이 계절의 많은 감정들을 어떻게 이겨 낼까
쉽게 긁히고 피 흘리는 마음이
머리 땋은 여러 갈래의 반전을 거듭했던 우리

너를 닮고 나를 닮은 예쁜 알들 까며 남들처럼 살 걸
모든 것을 포기함은 슬픔이라고 말려 달라 할 걸

*

부드럽게 밀착된 푸딩 같은 사랑으로
내 손에 네 손을 비밀편지처럼 포개고
네가 있었기에 죽음도 괜찮았다고
아침마다 새처럼 환하게 네 눈에 심어 주려 했다

소설의 엔딩에 누운 푸른 장미
죽음에 대하여 공손하게 질문 하지 말자
사랑의 결말을 간곡하게 부탁 하지 말자

*

사랑의 굳은 믿음을 펼쳐 보는 그대들이여
푸른 장미는 말랐고
우리의 무덤은 모든 걸 포기하고 늙어가고 있소
낙담이 벌레처럼 기어오르는 죽음은 아름답지 않소
죽은 삶이 환해지도록 책을 덮어주시오
예전에 우린 충분히 뜨거웠소
그것이면 충분하오, 우린
　　　　　　　　　－「줄리엣의 푸른 장미」전문

　보다시피 죽음은 우리에게서 그다지 멀리 있지 않다. 사랑의 이면이 비극인 것처럼 삶의 뒷모습이 죽음이라는 사실을 「줄리엣의 푸른 장미」는 예각적 언어로 보여주고 있다. '붉은 사랑'에 대응하여 '파란 불안'이 있고, '피 흘리는 마음'이 있는가 하면 '푸딩 같은 사랑'이 있다. 삶의 모순적 계기들이 이처럼 공존하고 있다는 사실을 인식한 데서 이 작품은 출발했다. 이것이 모금주가 마주한 비극이다.
　시인은 작품 하단에 '파란 장미'의 꽃말은 '이루어질 수 없는 사랑'이며 '푸른 장미'의 꽃말은 '포기하지 않는 사랑'이라는 각주를 달아 놓았다. '파란'과 '푸른' 사이에 넘을 수 없는 존재론적 차이가 있다. 그렇다면 줄리엣 없는 로미오가 다른 사랑을 만났다면 죽음을 피할 수 있었을 것인가. 붉은 장미가 표상하는 열정적 사랑이 없었다면, '파란 장미' 또한 사라지지 않았을까. 그렇지 않다는 것이 모금주의 시적 인식이다. 모순적 계기들의 동시적 존재, 이것이 사랑을 비극의 원인으로 만드는 것이란 깨달음이다.

비극은 그것을 인식한 인간에게서 비롯되는 것이다. 그래서 모금주는 "죽음에 대하여 공손하게 질문하지 말자"라고 할 수 있었으며, "나는 너를 견디고 너는 나를 견디고/ 사랑이란 외로운 말에 가둔 채/ 아름다운 삶이 있어야 죽음이 두렵지 않는 것이라는" '정형화된 독후감'을 무수한 밤에 옮겨 적었던 것이다. 비극을 이겨내는 방법은 그것의 원인인 사랑에 더욱 몰두하는 길밖에는 없다는 도저한 인식이 「줄리엣의 푸른 장미」의 바탕을 형성하고 있다.

이처럼 「줄리엣의 푸른 장미」는 '줄리엣'을 반복하면서 거기에 새로운 의미를 부여하고 있으며, '푸른 장미'를 되뇌면서 거기에 새로운 의미를 부여하고 있다. 비극과 사랑에 대한 인식론적 각성이 이 작품을 낡은 지시어에 새로운 지시성을 부여하는 곳으로 인도하고 있다. 「줄리엣의 푸른 장미」는 생의 비극성에 대한 새로운 명명이라고 할 수 있다.

붉은 사과 한 알의 해가 파도를 붙들고 있다
지중해 정물화 속 한 사람도 창을 붙들고 있다

나도 풍경에 취해 휴식의 무늬를 붙들고 있다

낯선 곳의 여행이 새로운 게임을 하는 것 같아서
감정을 대변하는 은유의 공간에 설레임의 무늬 차올라

(중략)

　삶의 비밀스런 무게들이 내려앉아도 밝은 노란색으로 덧칠하며 붉은 사과를 나눠 먹을 수 있을 것 같아 한없이 너그럽게 하는 푸른 물결의 맑은 얼굴이 눈빛 엔딩을 보내는 그 순간의 시간이 종이배처럼 찰랑이고 푸른 머리카락 흩날리는, 한순간도 춤 아닌 적 없던 바람이었다고 기억의 목록에 넣는다
　　　　　　　　　　　　　　　　　－「눈빛 엔딩」부분

　여기서도 '눈빛 엔딩'은 새로운 의미를 부여받고 있다. '엔딩'이 '눈빛'을 만나 결별이나 종결이 아니라 "한순간도 춤 아닌 적 없던" 역동적인 바람의 기록으로 전화되고 있다. 아무리 무거운 삶이라도 견뎌낼 수 있으며, 아무리 알 수 없는 비밀이어도 "나눠 먹을 수 있을 것 같"은 긍정의 신호가 바뀌는 것이다. 그렇다면 '눈빛 엔딩'은 하루하루 시시각각 엄습하는 비극적 생의 현장 속에서도 우리는 '설레임의 무늬'가 차오르는 모습을 목도할 수 있는 것 아니겠는가.
　또 하나 「눈빛 엔딩」에서 우리가 주목해야 할 것은 이 작

품이 갖고 있는 율격이다. 일견 산문시로 보이는 달변의 시행 경영에도 불구하고 도입부 제1연이 보여주듯 적실한 음보율이 구사되고 있다. 사실 이는 모금주의 「낯선 길」, 「하나의 이름이 내포하는 무수한 후유증」, 「Black Satin」, 「낙관적인 메세지」 등과 같은 다른 많은 시편들에서 일관되게 확인할 수 있는 일이거니와 그가 통념을 거부하는 싸움과 '가장 낯선 표정'을 읽어내는 주제론적 고투 속에서도 음악성에 대한 고려를 게을리 하지 않고 있다는 사실을 확인할 수 있게 한다.

'이름'도 두고 가렴

하나의 대상에 하나의 의미를 부여하려는 시적 언어의 열망을 '새로운 지시성'에의 촉구라고 했다. 이는 결국 시어의 차원에 머물러서는 도달할 수 없는 일이다. 시어의 개별적 차원에 새로움을 부여하는 것은 시행과 시행들의 연속적인 구축에서 오는 종합적인 노력이다. 이를 시인들이 저마다 고투하는 표현론적 투쟁이라고 할 수도 있다.

'낙엽'에 새로운 지시적 의미를 부가하고 있는 모금주의 「낙엽」은 일견 평범한 시로 보인다. "눅눅한 것들에겐 낙엽의 눈물 냄새가 난다"는 날카로운 표현도 비유를 넘은 지시성의 창출이라고까지 할 수 있을 지에 대해서는 확신이 서지 않는다. 그러나,

이름도 두고 가렴
　　잊혀짐이 아쉬워 오래 서 있지 말고 떠나가렴
　　단풍잎처럼 너의 마음에 불을 지르지 말고

　　　　　　　　　　　*

　　꽃대를 밀고 올라오는 계절에 쫓기듯 마지막 낙엽의 등
벗겨지고
　　많은 감정들을 이겨낸
　　눅눅한 것들에겐 낙엽의 눈물 냄새가 난다

　　잃은 자가 잃은 자 곁에 머무는 잠든 희망 붙드는 것 같은
지나간 계절의 낙엽, 사람들은 지나간 것들에 관심이 없어
떨어진 낙엽 밟고 가는 자들 묵념하지 않는다 극한의 박탈
과 상실을 요구하는 잔인한 현실만 존재해 마음의 무게는
외면한 지 오래야 이름도 두고 가렴 마음 남겨 놓지 말고 떠
나가렴 직각으로 세상을 세우는 자들에게 넌 이미 지나간
계절의 낙엽 상처로 남기 전 떠나가렴 미련을 들키지 말고
　　　　　　　　　　　　　　　　　　－「낙엽」 전문

"이름도 두고 가렴", "떠나가렴 미련을 들키지 말고"와
같은 연속된 시행의 어울림 속에선 '낙엽'은 '미련'으로 명명
되고 있다. 모든 미련을 싹 다 버리고 떠나라는 시적 주문

속에서 낙엽은 더없이 절박한 생의 비의를 담는 그릇이 되고 있다. 아무것도 남기지 말고 떠나라는 요청이 모든 것을 두고 떠나라는 요구로 이해되는 역설적 의미 속에서 '미련'은 대단히 예각적인 지시성을 띤다. 어쩌면 모금주의 「낙엽」 이후 모든 '낙엽'은 '미련'으로 불릴지 모른다.

"가야 할 때가 언제인가를/ 분명히 알고 가는 이의/ 뒷모습은 얼마나 아름다운가"(이형기, 「낙화」) '낙화'에 슬픔이나 안타까움이 아니라 '아름다움'을 부여한 이형기의 표현이다. 연이은 시행에서 그가 "결별이 이룩한 축복에 싸여/ 이제는 가야 할 때"라고 선언한 것을 우리는 기억하고 있다. 낙화가 결실로 이어지는 자연의 섭리를 '아름다움'로 인식한 서정적 자아의 섬세한 감각에 주목하였듯이, 이제 우리는 모금주의 「낙엽」이 보여준 '미련'의 의미를 생각해 봐야 할 듯하다.

피노키오, 세상에 대한 독서도 거짓말처럼 즐길 수 있다면 푸른이마의 새들처럼 자유로울 수 있겠네 알고리즘의 노예 족쇄 찬 발걸음이 무거워 난 절룩거리고 있다

피노키오, 작은 구멍의 죄에도 손들고 벌을 세우는
공의의 화살촉이 거짓말하는 너를 향해 있어
넘어진 자의 노래의 가뭄을 모른 척하는 폭력의 밑그림을 감춘 무덤이야
발효되지 않은 정직한 말에 상처 입은 자들 깊은 동굴 카타콤에 매장되고

정직한 직유의 폭언으로 우리의 이웃 욥이 울고 있다

*

때론 유쾌한 거짓말이 희망의 메시지를 흘려 삶을 이어가게 한다고, 거짓말 같은 내일을 위해 오늘을 속아주며 사는 모순을 눈감아 주듯이, 전지를 해 줬어야 했던 묵은 가지 꽃이 유난히 붉어 가지치기의 유예함을 핑계 대며 올해도 사과나무를 붙들고 있음과 같이,

*

피노키오 코처럼 키만 키우는
7년 된 발렌타인 쟈스민 내년 봄에는 하얀 꽃을 피울 수 있을 거라고
(우연히 본 같은 이름의 쟈스민은 보라색 꽃이었다)
내일의 희망을 위해 오늘 거짓말꽃을 난발하지만
발렌타인 쟈스민과 우린 진실을 알고 있다

스페인 엔카츠 벼룩시장의 한 켠에서
오르골 소리에 머리를 끄덕이며 리듬 타는 낡은 목각 인형 피노키오
마음의 가뭄에 단비 같은
산자락에서 뛰어나온 듯 넌 사랑스런 초록의 봄이었다

오 거짓말쟁이 피노키오

너의 거짓말에 마냥 웃고 싶은데 난 정직한 어른이 되어야 해

사람들의 가느다란 하얀 뼈가 굵어질 때까지 거짓말을 하고 싶은데

만우절 오늘도 엄격한 어른들은 신의 눈으로 회초리를 든다

지엄한 세상의 제피토 어르신들

피노키오와 나에게 심각한 표정으로 거짓말하지 않기를 맹세시키고

그래도 난 내일의 발렌타인 쟈스민 같은 이들에게

희망적인 하얀꽃 같은 거짓말을 할 거라고

설득당하지 않을 각오를 붙들고

피노키오 긍정인지 부정인지 리듬 타듯 고개를 자꾸 끄덕이고

— 「리듬 타는 피노키오」 전문

이 작품은 이번 시집의 표제작이다. 거짓말을 하면 코가 길어지는 피노키오를 통해 거짓말과 진실의 경계를 넘나드는 "세상에 대한 독서"를 수행하고 있다. 공교롭게도 카를로 콜로디(1826~1893)의 원작 동화와 관련해 전하는 이야기도 '거짓-참'의 경계가 그렇게 선명하지도 단선적이지도 않

다는 사실을 말해 준다. 콜로디의 『피노키오의 모험, 꼭두각시 이야기』(1883)는 단행본으로 출간되기 전 로마 지역의 한 신문에 연재되어 엄청난 인기를 구가했는데, 신문사는 무명에 가까운 콜로디에게 원고료를 제대로 주지 않고 판매 부수를 속이기까지 했다.

이를 눈치 챈 콜로디는 피노키오가 강도들(여우와 돼지)에 의해 목이 매달려 죽는다는 비극적 결말로 연재를 종결했고, 이에 전국의 독자들이 항의하는 바람에 폐업 위기에 빠진 신문사는 뒤늦게 제대로 된 원고료를 지급했다고 한다. 그 후 콜로디는 피노키오가 요정의 도움을 받아 부활해 사람이 된다는 해피엔딩으로 완결했다는 이야기다. 그런데 거짓말을 하면 피노키오의 코가 길어진다는 설정은 강도 사건 이후 등장하는 것으로, 만일 신문사가 고집을 부렸다면 읽을 수 없는 설정이었다는 것이다.

신문사의 '거짓'이 콜로디의 '분노'로 이어지고, 콜로디의 '참'이 피노키오의 '거짓'을 '참'으로 응징한다는 발상은 불가능했을지 모른다. 모금주의 「리듬 타는 피노키오」도 표면적으로는 거짓말과 진실의 대립선을 가지고 있으나, 한 차원 깊은 데서는 "긍정인지 부정인지 리듬 타듯 고개를 자꾸 끄덕이"는 피노키오를 통해 그 경계 자체를 무너뜨리고 있다. 그것이 "세상에 대한 독서도 거짓말처럼 즐길 수 있다면"이라는 시행이 가진 진정한 의미로 다가온다.

그렇다면 이것도 '비극'의 근원을 '사랑'에서 찾고, '눈빛엔딩'을 결별이나 종결이 아니라 '긍정'으로 전화시켰던 것처럼 '거짓-참'의 해체를 통해 세계의 '가장 낯선 표정'을 읽어낸 것일까. 아마 그럴 것이다. 그것이 "모서리의 각이 맞지 않아도 곡선의 부드러운 마음과/ 민낯 부끄러워 연한 립스틱을 바르고 곱게 머리 빗은 정성으로"(「선물 포장법」) 선물을 포장하는 마음일 것이며, "엄마는 늘 겨울에 서 있고/ 난 얼음이 녹을 때쯤 엄마의 삶을 다 읽어버렸다"(「지금은 카프레제의 계절」)에 보이는 마음일 것이기 때문이다.

이러한 시적 의욕은 「Gradation」, 「트리트먼트」 등 제2부에 속한 많은 작품들에서도 확인할 수 있는 바이다. 그런 점에서 모금주의 시는 푸코(1926~1984)가 보르헤스(1899~1986)의 '어떤 중국 백과사전'에서 발견한 '새로운 분류학'이나 바디우(1937~)가 페소아(1888~1935)의 시에서 발견한 것과 같은 '이명법으로서의 익명화'라는 반통념적 고유화의 욕망과 닿아 있다고 할 수 있다.

이곳의 주인은 '창문'

어떤가. 이곳의 주인은 정말 창문이 아닌가. 라이프니츠(1646~1716)에 따르면 모나드는 "어떤 것이 드나들 수 있는 창(窓)을 갖지 않는다."(「모나드론」 §7) 모나드는 온 세상을 포함하고 있기 때문에 자신의 바깥에 다른 세상을 둘 필요가 없다. 그것은 지구가 자신의 바깥에 다른 지구를 둘 필요가 없는 것과 같다. 이곳에는 이곳의 창이 필요 없고, 저곳에는 저곳의 창이 필요 없다. 완벽한 개별성을 가진 우리 모두는 세계를 향한 창을 가질 필요가 없다.

그러나 개별성과 고립적 주체성을 혼동해서는 안 된다. 우리의 개별성은 온 세계를 포함하는 절대적 긍정의 지평 위에 있는 것이지, '나'와 '너'를 나누는 데카르트적 주체성과는 다르다. 모나드의 완벽한 개별성은 '너'를 포함한 온 세계가 '나'에게 포함되어 있고, '나' 또한 '너'에게 포함되어 있다는 '상호 포함'을 지시한다. 이러한 완벽한 개별자로서의 모나드는 따라서 절대 긍정이다.

그렇다면 "이곳의 주인은 창문"(「이곳의 주인은 창문」)이라고 하는 모금주의 전언은 새로운 경계 설정인가.

네 호주머니에 무엇을 감추고 있니
아무것도 아니야
옮겨오는 불편의 벽에 피부병처럼 번지는 곰팡이를 숨겼을 뿐
아무것도 아니야
잡티 많은 자들 게스트로 가득 찬 방을 견디고 있어
끊임없이 흥미를 끌어당기는 대립각들에게
흥미롭지 않은 이유로 시비를 걸면
잃을 게 없는 아무것도 못된 사람들의 용기를 보여 주는 거야
쎈 주먹에 한 방 맞으면 느티나무 한철 매미처럼 울어 보는 거야

지경을 넓히고 누군가에게 향기로 남고 싶다는 꽃 같은 마음이 없어
나비가 될래
나비처럼 무심히 앉아 있다 무심히 돌아갈게
돌려 걷어차기 싸움의 거친 숨소리로
흥미롭지 않은 것들 괄호 속에 넣어 버린다
판단의 오류들이 은하계를 돌고
다시 세상의 편견의 덫에 걸렸다
흥미롭게도 나는
아무것도 못 되는 내 감정의 편애를 고이 둥지 속에 넣는다
흥미롭지 못한 행동이라고 닮은 구석 없는 사람들이 말하지만
시대의 빛나는 화두 명사도 되지 못할 나를
열렬히 흡수해주는 오렌지 주스 같은 팬이 몇이나 있을까

아무짝에도 쓸모없는 인간이야
독한 비난의 말에 단단히 매여 있어야 나를 붙들 수 있을 것 같다
Nothing이란 단어의 칼날이 나의 자존감을 아프게 찌르고
-아무것도 아닌 것이 흥미롭지 않은 것이

나에게 주는 단어 세상 휘돌다
너에게도 갈수 있는 단어
대명사 Nothing의 흰 송곳니

　　　　　　　　　　　－「Nothing」 전문

'Nothing'은 정말 아무것도 아닐까. 「Nothing」은 두 가지 해석 가능성 사이에서 진동한다. 하나는 '아무것도 아닌 것'이고, 다른 하나는 '아무것도 아닌 것이 아닌 것'이다. 그렇다. '나'는 아무것도 아니고, 아무것도 아닌 것이 아니다. 일종의 형용모순이라 부를 수 있는 이러한 대립을 제시함으로써 모금주는 오히려 그것을 넘어서려는 시적 의욕을 드러내고 있다.

"네 호주머니에 무엇을 감추고 있니"라고 하는 '대립각'들과 "아무짝에도 쓸모없는 인간이야"라는 '독한 비난'에도 "아무것도 못된 사람들의 용기를 보여 주"고 "한철 매미처럼 울" 수 있는 사람은 결코 아무것도 아닐 수 없다. 「Nothing」은 모순적 상황을 돌파하면서, "이곳의 주인은 창문"이라고 외치고 있는 것이다. 이것이 모금주 식 명명법임은 물론이다.

이곳의 주인은 창문입니다
모두가 떠나버린 동네를 지키고 있습니다
믿고 의지했음을 세상 그대들에게 고백하지 않고
나침반이 없어도 밝은 곳을 보려 해요

바람은 꽃처럼 환하게 롤러코스터를 타요
수직으로 뻗은 손이 아득한 즐거움의 줄을 잡아당겨요
문득문득 기억나는 그대
심각하게 그대를 생각해요
언제부턴가
더욱 화려해진 세상의 동네에 당신은 숨어 버렸어요
당신이 오시길
빛나는 별을 머리에 꽂고 가슴엔 푸른 종을 달고 기다립니다
그대여
긴급하게 정리된 낯설은 공간은
그대 두리번거리지 말고 무심히 스쳐 지나서
아침의 고요에 이르십시오

아직은 맑은 유리알 내 얼굴에 별빛이 가득한 시간입니다

*

내 얼굴에 무단 입주한 거미 나비를 기다리고 있네요
들을 귀 없는 나비 팔랑거리는 날개를 자랑합니다
햇빛 속 거미줄은 유언비어 꽃송이처럼 아름답습니다

나는 거미에게 낯설은 공간으로 미혹하지 말고 당장 나
가라고
　　이곳의 주인은 창문인 나라고
　　도둑 같은 너희를 지켜주는 방패막이 아니라고
　　별빛 핀과 푸른 종을 가리지 말고 나가라고
　　그러나 나는 말할 입이 없습니다

　　그대 나비로 오시지 마십시오
　　건초더미 향긋한 냄새에 길을 묻지 마십시오
　　그냥 날아가십시오
　　　　　　　　　　　　　　－「이곳의 주인은 창문」 전문

　이곳의 주인은 모두가 떠난 빈 마을을 지키고 있는 창문이다. 그러나 나침반이 없어도 밝은 곳을 보려 하는 창문이다. 여기서 '창'은 더 이상 이쪽-저쪽을 구별하는 경계가 아니다. 경계는 사람들이 만들어 놓은 것일 뿐이다. 사람들이 떠난 마을의 창은 그러므로 모든 것을 자신의 소유로 만드는 마력을 갖게 되었다. 경계가 없으므로, 오히려 모든 것을 포함하는 모나드적 역설이 성립된다. 때문에 시인은 '아직은' 맑은 유리알에서 '내 얼굴에' 가득한 별빛을 보는 것이다. 모금주는 사람들이 모두 떠난 마을에서도 그것을 지키는 창문을 통해 대긍정의 메시기를 읽어낸다.

　골프를 칠 때 목표만 쳐다보면 미스샷이 나고

공만 똑바로 보고 쳐야 공이 똑바로 날아간다고
코치, 공으로 내 머리를 칠 듯 소리치고
무진장 기분이 나빠 코치를 노려보고

내 시절이 보관된 아카이브 백과사전에 미스샷 공들이 박힌다
공만 쳐다봐야 하는데 주변 풍경을 자주 힐끔거리고
꽃잎은 아직도 아름다워 창문을 두드리고
오래 잊은 단어를 수색하듯 백과사전을 뒤적이고
아직도 난 자주 풍경을 힐끔거리고
아직도 아직은, 미련을 껴안고 있는 단어를 자주 힐끔거리고

잊혀지지 않는 것들 미스 샷 공들처럼 기억의 코치에게 걸렸다
생각의 꼭대기에 앉은 작년의 벚꽃잎들 슬며시 쓰다듬어 주고
창문의 잠금장치를 풀 듯
백과사전 깊숙한 페이지에서 박혀있던 기억을 소환한다

잊혀져야 할 것보다 소환해서
즐거운 기억들이 더 많은 난 아직 살아 있다는 증거

　　　　　　　　　　- 「잊혀진 것들이」 부분

여기서도 마찬가지다. '목표'와 '풍경'은 골프의 '미스샷'이란 관점에서 대립되지 않는다. 둘과 대립 관계를 형성하는 것은 '공'이다. 그런데 시인은 지금 '굿샷'을 위해 풍경을 버리려 하지 않는 자신을 부정하지 않는다. '잊혀져야 할 것'을 소환해서 즐거운 것이 더 많다는 확인을 하는 것이 '살아 있다는 증거'라고 표현한다. 잊혀진 것들이 살아 있다는 증거가 되는 '즐거운' 역설이 여기에 있다.

이처럼 '하나의 대상'에 '하나의 명사'를 부여하려는 모금주의 노력이 귀결되는 곳은 대긍정이다. 그에게선 모든 경계가 무너지고, 모순과 역설이 통합된다. 그것은 마치 '리듬을 타는' 피노키오의 율동처럼 조용히, 그러나 쉬지 않고 나아가는 여정이다. 어쩌면 그것은 '가장 낯선' 세계 여행이리라.